A arte de encontrar a medida
certa
de viver

Dados Internacionais de Catalogação na Publicação (CIP)
(Câmara Brasileira do Livro, SP, Brasil)

Grün, Anselm
　　A arte de encontrar a medida certa de viver / Anselm Grün ; tradução de Nélio Schneider. – Petrópolis, RJ : Vozes, 2017.

　　Título original : Die Kunst, das rechte Mass zu finden
　　Inclui bibliografia
　　ISBN 978-85-326-5397-0

　　1. Equilíbrio 2. Existência cristã 3. Vida cristã 4. Virtudes I. Schneider, Nélio II.Título.

16-00124   CDD-241.4

Índices para catálogo sistemático:
1. Medida certa de viver : Aspectos religiosos : Cristianismo   241.4

ANSELM GRÜN

A arte de encontrar a medida certa de viver

Tradução de Nélio Schneider

EDITORA VOZES

Petrópolis

© 2014, Deutscher Taschenbuch Verlag GmbH & Co. KG, München

Anselm Grün

Título do original em alemão: *Die Kunst, das rechte Mass zu finden*

Direitos de publicação em língua portuguesa – Brasil:
2017, Editora Vozes Ltda.
Rua Frei Luís, 100
25689-900 Petrópolis, RJ
www.vozes.com.br
Brasil

Todos os direitos reservados. Nenhuma parte desta obra poderá ser reproduzida ou transmitida por qualquer forma e/ou quaisquer meios (eletrônico ou mecânico, incluindo fotocópia e gravação) ou arquivada em qualquer sistema ou banco de dados sem permissão escrita da editora.

CONSELHO EDITORIAL

Diretor
Gilberto Gonçalves Garcia

Editores
Aline dos Santos Carneiro
Edrian Josué Pasini
Marilac Loraine Oleniki
Welder Lancieri Marchini

Conselheiros
Francisco Morás
Ludovico Garmus
Teobaldo Heidemann
Volney J. Berkenbrock

Secretário executivo
João Batista Kreuch

Editoração: Flávia Peixoto
Diagramação: Sheilandre Desenv. Gráfico
Revisão gráfica: Fernando Sergio Olivetti da Rocha
Capa: Idée Arte e Comunicação

ISBN 978-85-326-5397-0 (Brasil)
ISBN 978-3-423-28040-2 (Alemanha)

Editado conforme o novo acordo ortográfico.

Este livro foi composto e impresso pela Editora Vozes Ltda.

Sumário

Introdução, 7

Manter o equilíbrio, 13

O equilíbrio entre avareza e esbanjamento, 13

O equilíbrio entre autodepreciação e soberba, 17

O equilíbrio entre autocuidado e cuidado pelo outro, 22

Nossas expectativas em relação aos outros, 24

Não se revoltar tanto, 27

Aceitar nossa condição mediana, 29

As expectativas dos outros em relação a nós, 33

Ser cuidadoso com a criação, 37

Sustentabilidade ao lidar com a criação, 37

Sustentabilidade ao lidar conosco mesmos, 39

O bastante não é o bastante, 42

A medida para o nosso trabalho, a medida para as nossas forças, 43

Disciplina e ordem, 45

A medida certa do tempo, 49

Viver no ritmo, 51

A força dos rituais, 56

Ater-se a uma coisa só, 60

Encontrar meu próprio centro, 61

Discretio – um conceito central com muitas facetas, 65

Discretio ao lidar com pessoas, 69

Separar o relevante do irrelevante, 70

Foco no essencial, 71

Cuidado e atenção, 74

A humildade como forma da coragem, 80

Do que precisa o ser humano, 87

Reflexão sobre o mistério da nossa condição humana, 87

Devotar-se ao trabalho, 90

Não medir minhas próprias necessidades pelas necessidades dos outros, 92

O que me enriquece, 96

Descansar em si mesmo, não se deixar conduzir, 99

Ficar com os pés no chão, 105

Ser bom é melhor do que ser perfeito, 106

Beleza e medida, 112

"Como são numerosas as coisas de que não preciso", 115

Conclusão, 119

Referências, 123

Introdução

Uma vida sem medida é inimaginável. Diariamente medimos e pesamos as coisas com que lidamos. Tiramos a medida. Tentamos reagir na medida ou à altura quando alguém nos critica. Verificamos se nossa medida está cheia, se já chegamos no limite. Quando a medida se enche não conseguimos mais medir. Nessa situação, nossa energia transborda e a perdemos. É quando ficamos exauridos, esgotados. Quem vive com ponderação e comedimento não se esgota facilmente. Mas quem vive além de todos os limites, quem extrapola e se sobrecarrega não deve se admirar quando a certa altura sentir que o fogo se apagou. Essa pessoa vive conforme parâmetros errados. Ela se julga capaz de fazer algo que está acima de sua capacidade. Temos um faro para pessoas que se arrogam algo que não lhes compete. Elas nos desagradam. Rejeitamos instintivamente qualquer arrogância. O que importa é descobrir a justa medida, a medida que condiz conosco.

A palavra alemã para medida (*"Mass"*) refere-se originalmente à quantidade medida para alguém, à quantidade cuja medida foi determinada. Ela está relacionada, portanto, com os conceitos alemães para medir (*"messen"*) e demarcar (*"abstecken"*), e tem a ver com o termo que designa a faca (*"Messer"*) com a qual se demarca e corta algo. Hoje ainda falamos do diâmetro (*Durchmesser*) ou do anemômetro (*Windmesser*). Medir acertadamente significa, portanto, também demarcar corretamente os próprios limites. Do mesmo modo, a palavra "marco" (*"Mal"*) pertence a essa família de palavras que originalmente se referia exatamente no mesmo sentido ao que fora demarcado e mensurado. Ela tem afinidade com a palavra grega *métron* (*Mass*, medida) e igualmente está contida nos termos *meditari* = meditar e *medicus* = aquele que avalia sabiamente, o conselheiro sábio. Portanto, do significado das palavras já podemos depreender que faz bem para nós tomar a medida apropriada, demarcar a medida certa, aplicar os parâmetros corretos ao nosso pensar e agir. Tudo isso é salutar para nós. Quem tem dentro de si a justa medida possui um conselheiro interior, um médico interior, que toma providências para que ele viva uma vida adequada, que o preserve de muitos males e até de enfermidades. É alguém que não se julga capaz de viver contra a sua natureza, contra a sua medida interior. E, por fim, a palavra alemã para medida (*"Mass"*) também está relacionada com o ócio (*Musse*). Quem vive a justa medida também é capaz do ócio, consegue descansar. Essa pessoa se permite o descanso de que necessita. Da justa medida depende o êxito da nossa vida.

Portanto, o entorno da palavra *"Mass"* ("medida") já nos introduz em muitos âmbitos da nossa vida; ela atinge os mais diferentes aspectos: o consumo, a maneira de tratar a criação, a maneira de tratar a nós mesmos, o trabalho profissional que realizamos, mas também o frequente engajamento voluntário em associações, bem como a organização do dia e do tempo livre. A justa medida faz bem ao ser humano. São Bento já sabia disso quando há 1.500 anos propôs uma regra para seus monges. Nessa regra, ele chama a *discretio*, a virtude da moderação sábia – ou o dom do discernimento sábio –, de a mãe de todas as virtudes. Ela nos capacita para uma vida boa.

Em consequência, o tema do comedimento não trata de apelos morais, mas de uma via que leva para uma vida saudável, para uma vida valiosa. Se continuarmos derramando vinho em um copo que já está cheio, ele acabará se espalhando sobre a mesa e depois de um tempo pelo chão. Ele não pode mais ser bebido. O precioso vinho se perde. Ou seja, a justa medida não é só uma virtude, ela também é um valor que torna nossa vida valiosa. Tudo o que é desmedido perde seu valor. Sabemos isso também a partir da administração de empresas. Quando bens são produzidos sem medida, eles perdem seu valor. Valores tornam a vida valiosa. Valores protegem a dignidade do ser humano. E valores – em inglês: *value*, derivado da palavra latina *"valere"* = estar saudável, ter saúde – são uma fonte da saúde. Portanto, o valor da medida promove a saúde do ser humano e da sociedade humana.

Quando olhamos para o nosso mundo, deparamos em toda parte com a falta de medida. Somos capazes de realizar muitas coisas, mas não ficamos satisfeitos com isso. Para o médico Wilhelm Schmid-Bode o cerne de toda insatisfação reside no sofrimento causado pelos demais:

> Obrigações demais, trabalho demais, pressão demais, posse demais, barulho demais, ofertas demais, quer se trate de tendências da moda ou do intelecto. Em quase todas as coisas perdemos a medida e constantemente temos a sensação de que o tempo foge de nós. A falta de medida é a causa de todo vício e responsável por todo problema que se debate com aquilo que é demais*.

Schmid-Bode fala da insatisfação gerada pelo que é demais. Frequentemente trata-se de uma sobrecarga. As pessoas facilmente se sentem sobrecarregadas ao fazerem compras em um supermercado que oferece uma quantidade excessiva de tipos de queijo ou geleia. Elas precisam de energia e tempo demais para tomar uma decisão a respeito de coisas que antes eram bem simples. Como médico, Schmid-Bode defende uma vida moderada. É interessante que, ao fazer isso, ele recorre

---

* Schmid-Bode, p. 21s.

à sabedoria dos mosteiros, mesmo que tenha se afastado da Igreja concreta. A sabedoria dos mosteiros o impressiona, justamente tendo em vista a vida moderada.

Neste livro, recorro à Regra de São Bento e à tradição espiritual dos monges antigos para apontar alguns aspectos de como podemos reaprender hoje a viver comedidamente conosco mesmos, uns com os outros e com a natureza. O Papa Gregório Magno já ressaltou o aspecto da justa medida que caracteriza a Regra de São Bento. Todas as ordenações constantes na Regra são marcadas por essa sábia moderação. Assim, Bento inscreve na consciência do abade:

> Seja prudente e refletido nas suas ordens, e quer seja de Deus, quer do século o trabalho que ordenar, faça-o com discernimento e equilíbrio, lembrando-se da discrição do santo Jacó, quando diz: "Se fizer meus rebanhos trabalhar andando demais, morrerão todos num só dia". Assumindo esse e outros testemunhos da discrição, mãe das virtudes, equilibre tudo de tal modo que haja o que os fortes desejam e que os fracos não fujam (RB 64,17-19)*.

O que ele quer dizer com isso? São Bento tem em mente várias esferas de uma só vez. Ele parte do pressuposto de que podemos incorrer na falta de medida ao realizar nossas atividades e que a atividade desmedida sempre leva à ruína. Mas também é possível ser desmedido na espiritualidade. Quem perde a justa medida em sua piedade passa longe de si mesmo e de Deus. E comedir-se significa em grande medida também: evitar o esforço excessivo. A medida sábia, no entanto, não deve ser equiparada à mediocridade. Ele visa, muito antes, desafiar

---

* Para todas as citações literais da Regra Beneditina, cf. a *Regra do glorioso patriarca São Bento*. Traduzida por Dom João Evangelista Enout, OSB [Disponível em http://www.osb.org.br/regra.html#CAP%C3%8DTULO%2064] [N.T.].

os fortes a continuar crescendo, a alegrar-se com seus pontos fortes. Mas os fracos tampouco devem se sentir desencorajados.

A meu ver, as regras de São Bento contêm tanta sabedoria que eu gostaria de exibi-las neste livro como um caminho viável. Ao fazer isso, parto seguidamente das experiências do ser humano atual e as confronto com as palavras e instruções de São Bento. Nosso mosteiro recebe muitas pessoas que padecem da falta de medida em sua vida. Elas encontram em nosso meio um novo senso para a justa medida com a qual gostariam de continuar vivendo também em seu cotidiano e em seu trabalho.

Manter o equilíbrio

Para mim, a justa medida tem a ver com um bom equilíbrio entre os diversos polos que constituem nossa vida e que fazem parte dela. Eu gostaria de mencionar, portanto, alguns desses polos. Encontrar a justa medida constitui a arte de encontrar um equilíbrio saudável para si mesmo.

O equilíbrio entre avareza e esbanjamento

A justa medida sempre tem algo a ver também com o meio--termo. Existem o esbanjar e o consumir extremos e desmedidos. Há pessoas que sempre querem mais. Elas nunca estão satisfeitas. Compram coisas desnecessárias porque não conseguem resistir ao vício de comprar. Não encontram uma medida. E existe o oposto: pessoas avarentas que têm dinheiro suficiente, mas não gastam nada. Elas não se permitem coisa nenhuma. Levam uma vida exageradamente econômica. São mesquinhas. No restaurante, escolhem sempre os pratos mais baratos. Só compram as coisas mais baratas. Um bancário me contou a respeito de uma mulher muito rica que, apesar disso, vivia trocando de banco para "assegurar" um retorno mínimo do investimento a prazo fixo. No final das contas, a troca frequente custou-lhe mais caro. Mas ela estava tão fixada nas melhores condições que ficou cega para a justa medida.

O meio entre a avareza de um lado e o esbanjamento de outro consiste na parcimônia e na generosidade. As duas posturas são virtudes. E ambas as virtudes se encontram em tensão saudável. Quem é parcimonioso com o que tem também é capaz de permitir que outros tenham parte nos seus bens; também consegue ser generoso por ocasião de uma festa e convidar seus amigos para uma boa refeição. O avarento não convida nenhum amigo – ou, quando muito, convida-os para um lanche rápido. Mas nessa ocasião não há como surgir um clima de festa.

Esbanjamento e avareza não são virtudes, mas vícios. E esses vícios são prejudiciais às pessoas. Uma pessoa esbanjadora superestima suas possibilidades financeiras e, por causa de sua falta de medida, muitas vezes se endivida de tal maneira que em algum momento não consegue mais escapar dessa armadilha. E diariamente podemos observar, nos meios de comunicação, para onde leva a avareza. Uma rede de lojas especializada em eletrônicos quis vender seus produtos pelo preço mais baixo possível para satisfazer a avareza das pessoas e fez publicidade com o *slogan* "*Geiz ist geil*" [trad. literal: "A avareza é uma beleza" ou, mais livre: "Como é legal ser pão-duro"]. Ao fazer isso, ela converteu o vício da avareza em virtude. Mas não se pode fazer isso sem pagar o preço. Essa firma acabou fracassando em sua própria pretensão (e no seu próprio *slogan*). A postura de muitos clientes há muito já mudou. Eles não querem mais ser associados com a avareza. Eles não querem passar por avarentos ou sovinas.

A postura do "como é legal ser pão-duro" tem repercussões fatais. Os gêneros alimentícios precisam se tornar cada vez mais baratos para ter compradores. Mas o preço baixo é conseguido às custas dos produtores. Os agricultores ganham cada vez menos dinheiro pelos bens que produzem. Ou então às custas dos consumidores. Muitos compradores consomem grandes quantidades de carne e querem adquiri-las pelo preço mais baixo possível; por isso, os produtores e comerciantes tentam encontrar possibilidades de viabilizar isso – muitas vezes lançando mão de meios ilegais. Ficamos horrorizados com os estratagemas da indústria da carne e com os escândalos que põem nossa saúde em risco. Porém, nós próprios somos culpados disso devido à nossa postura de "como é legal ser pão-duro".

A razão da falta de medida no esbanjar e na avareza é a avidez por querer ter cada vez mais. Para os budistas a avidez é a causa de todo sofrimento e de todos os males. No Ocidente, a avidez é caracterizada como cobiça. O autor da Primeira Carta a Timóteo escreve:

> Sem dúvida, a piedade é grande fonte de lucro para quem se contenta com o que tem. Porque nada trouxemos para este mundo e nada dele poderemos levar. Tendo alimento e vestuário, fiquemos satisfeitos. Os que desejam enriquecer caem na armadilha da tentação, em muitos desejos loucos e perniciosos que mergulham as pessoas na perdição e na ruína, porque a raiz de todos os males é a cobiça do dinheiro. Por causa dela muitos se extraviaram da fé e se atormentam com muitos sofrimentos (1Tm 6,6-10)*.

A Primeira Carta a Timóteo, possivelmente escrita no final do primeiro século por um discípulo de São Paulo, faz referência nessa passagem à filosofia popular grega, sobretudo à filosofia estoica, bastante disseminada naquela época (avidez ou cobiça é chamada aqui de *epithymía*). A filosofia grega já advertia contra a cobiça como a raiz de todos os males. E o autor cristão assume essa advertência. Ele descreve as consequências da cobiça valendo-se de duas metáforas. A primeira é a da armadilha: quem se guia por sua avidez torna-se um prisioneiro que não consegue mais se libertar sozinho. A segunda metáfora é do navio que está afundando: "Qual carga pesada demais, que

---

* Para todas as citações bíblicas, cf. a *Bíblia Sagrada*. 51. ed. Petrópolis: Vozes, 2012 [N.T.].

imobiliza o navio e o faz afundar, as compulsões irrefreadas e descontroladas dos ávidos por posses levam-no a encalhar e acarretam seu naufrágio"*.

As metáforas que a Primeira Carta a Timóteo usa aqui para descrever a avidez mostram claramente para onde ela e a falta de medida levam. Tornamo-nos prisioneiros de nossos desejos desmedidos. Achamos que somos livres para comprar e consumir o que queremos. Mas, na realidade, somos impelidos pela comparação com outros e pela nossa própria avidez que sempre quer ainda mais e nunca se dá por satisfeita. Isso sobrecarrega o navio da nossa vida. O navio não pode mais nos transportar com segurança sobre o mar. Ele afunda porque continua carregando coisas. Em relação a algumas pessoas essa imagem deve ser entendida literalmente. Elas abarrotaram suas residências com todo tipo de coisas que sempre quiseram ter a qualquer custo. Embora essas coisas as sufoquem, não conseguem mais se separar delas. Sua casa está lotada de coisas desnecessárias. Isso pesa também na sua alma. Dependendo das circunstâncias, avareza e avidez podem inclusive provocar o "fenômeno *messie*" [= síndrome da acumulação compulsiva ou disposofobia].

Friedrich Schorlemmer escreve o seguinte sobre a avidez: "A avidez sempre tem o condão de enlouquecer – com muitas variantes –, de modo que, ao ter sucesso, a pessoa perde tudo. Justamente no sucesso em demasia pode residir a infelicidade – na medida em que a riqueza excessiva se converte em preocupação excessiva com essa riqueza e, desse modo, acaba com toda a saúde espiritual"**.

---

* Roloff, p. 338.
** Schorlemmer, p. 54.

Para o filósofo francês Pascal Bruckner, a avidez é uma característica do infantilismo que marca a nossa sociedade hoje. "O infantilismo une um anseio por segurança a uma avidez sem limites, expressa o desejo de ser suprido de tudo sem precisar assumir a mínima obrigação"*. E ele resume esse infantilismo na seguinte fórmula: "Tu não renuncias a nada!" O resultado dessa avidez é a sociedade da superabundância. Não lhe basta que sempre haja a quantidade suficiente de coisas para comprar. Estas também precisam mudar constantemente e aparecer em nova roupagem. Porém, a sociedade da superabundância está chegando aos seus limites. O que a move não é o medo de não ter o necessário, mas o medo de não conseguir mais se livrar de tudo que acumulou e que é demais.

A economia política vê a avidez como algo positivo: como o motor da nossa economia, pois para satisfazer a avidez é preciso lançar continuamente novos produtos no mercado. Mas também nesse ponto o que importa é a justa medida. Não podemos extirpar completamente a avidez de dentro de nós. Porém, não deveríamos deixar-nos dominar por ela, mas domesticá-la e convertê-la em um estimulador comedido. A avidez por novidades, a curiosidade, é fundamentalmente boa. Ela nos mantém vivos. Contudo, quando levada ao extremo, também ela pode se tornar um vício.

O equilíbrio entre autodepreciação e soberba

Outro equilíbrio que deveríamos estabelecer é entre autodepreciação e soberba. Em última análise, as duas posturas extremas têm a mesma causa: imagens desmedidas de nós mesmos. O que nós queremos mesmo é ser os maiores, os melhores,

---

* Bruckner, p. 13.

as pessoas mais inteligentes, as mais belas, as mais atraentes, as mais queridas e as mais ricas. Mas ao perceber que não conseguiremos alcançar esse ideal, reagimos com a autodepreciação ou com a *hýbris* [soberba]. Devido às exigências desmedidas que fazemos a nós mesmos, sentimo-nos inferiores e nos rejeitamos. Mas, no fundo, nessa autodepreciação se manifesta o desejo de que outros nos valorizem. Nós nos apequenamos para que outros nos engrandeçam. E para que não possamos mais ser criticados. São posturas infantis que nos impelem à autodepreciação. A criança também se apequena para ser elogiada e enaltecida pelos adultos.

A autodepreciação e a superestimação de si mesmo geram imagens bem determinadas de nós. Quando deprecio a mim mesmo, trago dentro de mim imagens como: tem algo errado comigo. Ninguém consegue me suportar. Sou muito lento. Não se pode pedir de ninguém para estar comigo. Tais imagens da autodepreciação me puxam para baixo. Elas roubam minha energia. Porém, do mesmo modo, pouco ajudam as imagens da superestimação de si mesmo, como: sou capaz de ser sempre perfeito, disposto, bacana e bem-sucedido. Tenho tudo sob controle. Sempre penso positivo.

Muitos problemas sobre os quais as pessoas conversam conosco decorrem do fato de que as autoimagens descabidas não condizem com sua realidade. Mas elas não conseguem se afastar delas. Elas preferem ater-se a elas e correr o risco de se sentir mal. Não é raro que esse comportamento acabe em depressão. O psiquiatra suíço Daniel Hell pensa o seguinte: as depressões muitas vezes são um grito de socorro da alma contra essas imagens desmedidas da superestimação de si mesmo. A alma sente que essas imagens são muito grandes para nós, que não correspondem à nossa essência. Por isso, a alma se rebela. Nesse caso, a depressão é o convite para entender, para despedir-se dessas imagens descabidas sem descambar para a autodepreciação. É um convite para aceitar-nos como somos.

Na depressão nossos sentimentos ficam paralisados. Recusamo-nos a entrar na dor. Mas, se não fizermos isso, tampouco conseguiremos passar por ela. Detemo-nos sempre na superfície da dor. Agindo assim, privamo-nos de uma chance, pois a tristeza por sermos como somos levaria até o fundo da alma, passando pela dor provocada pela nossa própria condição mediana. Ali há um recinto tranquilo, no qual podemos intuir a paz conosco mesmos. Ali não chegam nem as autodepreciações nem as superestimações de si mesmo. Ali entramos em contato com a imagem original que Deus fez de nós. Quando estamos em contato com essa imagem original, desaparecem todas as imagens da autodepreciação e da superestimação de si mesmo. Tornamo-nos nós mesmos por inteiro. E, quando nos tornamos nós mesmos por inteiro, não temos mais necessidade de nos avaliar ou de nos pressionar, nem de provar algo a outros ou a nós mesmos. Simplesmente somos. Esse puro ser é uma experiência interior profunda de liberdade e paz.

Atualmente, para muitas pessoas é difícil aceitar suas próprias limitações. Elas estão sempre pensando em termos de superlativos. É claro que esses superlativos lhes são incutidos pela publicidade e pelos meios de comunicação. Elas querem ser sempre as melhores. Mas isso não é realista. Só uma pode ser a melhor. Se todos quiserem ser, haverá muitos insatisfeitos. Se não forem as melhores no esporte, elas têm de sê-lo pelo menos na arte de pensar. Ou têm de ser as mais piedosas. Nesse caso, o superlativo toma conta também da espiritualidade. Porém, se não forem as melhores em nenhum âmbito, elas se apequenam em toda parte: nesse caso, elas se tornam as pessoas mais pecadoras ou as mais idiotas que existem. Mas com esse superlativo em versão negativa elas só querem ser enaltecidas pelos outros. Quando queremos que as pessoas que alegam ser as maiores pecadoras nos digam quais foram seus erros concretos, sua reação, com frequência, será a de ficar muito melindradas. E quando apontamos reais idiotices naquelas pessoas que se apresentam como as mais idiotas, elas também se mostrarão bem impiedosas. Elas simplesmente não encontram seu limite. Elas sempre têm de ser algo especial.

Frequentemente o motivo pelo qual sempre queremos ser algo especial é a experiência do abandono. Se fizemos essa experiência em nossa infância, a alma reage com o narcisismo. Ela gira constantemente em torno dos seus próprios desejos e de suas próprias necessidades. E a alma desenvolve uma estratégia para que o abandono não seja tão doloroso. Essa estratégia consiste na grandiosidade. A pessoa se enaltece com algum tipo de esquisitice. Muitos apresentadores de programas de auditório têm, em última análise, uma estrutura narcisista. Eles extravasam seu narcisismo, sentindo-se como algo especial e apresentando-se assim também diante do público. Isso, porém, não cura seu narcisismo, mas só o consolida. A grandiosidade permite que a pessoa narcisista viva satisfeita até certo ponto. Mas, em última análise, essas pessoas estão correndo atrás de uma ilusão. Em algum momento elas serão confrontadas com a verdade, com sua condição mediana que não as eleva acima das demais. Há casos em número suficiente em que essas pessoas caem dolorosamente do cavalo. Não faz bem viver durante anos acima da medida que condiz conosco, sobrecarregar-se com imagens desmedidas de grandiosidade para não sentir a dor do abandono. No momento em que essa grandiosidade desmorona é que elas se sentem ainda mais sozinhas; elas se sentem – na bela expressão da língua alemã – *mutterseelenallein*, inteiramente sós.

As autoimagens desmedidas também nos seduzem a comprar coisas que, na verdade, são muito grandes para nós. Como símbolo de *status*, precisamos de um automóvel potente. Nas férias, viajamos para os lugares mais distantes possíveis e ali nos proporcionamos tudo e muitas vezes até mais do que o rendimento comporta. Um amigo me contou que sempre tirava férias em companhia de casais amigos. Ninguém ligava para o dinheiro. Mas certa vez ele disse durante o planejamento: "Infelizmente não consigo custear isso. Isso é demais para nosso orçamento doméstico". De repente, também outros do círculo tiveram coragem de admitir: "Na verdade, também para nós isso é muito caro". Bastou a coragem de um para que os demais também admitissem seu próprio limite. Até aquele momento eles haviam se contagiado com a medida dos abastados. Pensavam que deviam manter-se no mesmo nível. Essa falta de medida naquilo que nos proporcionamos em termos de vestuário, automóveis, viagens de férias sempre tem a ver com algum complexo de inferioridade. Não queremos parecer inferiores; por isso, temos de manter o nível em coisas exteriores. Em compensação, quando afirmamos nossos limites é a nossa autoestima que cresce.

Pais e mães me contam que, para suas crianças, vestir roupas de grife na escola é imprescindível, senão as demais zombam delas. Também nesse caso é preciso ter uma forte autoestima para resistir a essa pressão de fora e exibir seu próprio limite. Certa vez dei um curso para pessoas da nobreza. Entre elas é mais fácil encontrar essa liberdade interior. As crianças delas não vestiam roupas de grife. Por se valorizarem, por terem uma autoconfiança saudável, elas não tinham necessidade de provar nada a outros. A falta de medida na compra das roupas mais caras é compensação para pouca autoestima. Mas a desmedida é um poço sem fundo. Podemos comprar o quanto quisermos. O poço nunca se encherá. Sairia mais barato trabalhar minha própria autoestima do que elevar com gastos desmedidos minha imagem que se apoia sobre um fundamento quebradiço.

O equilíbrio entre autocuidado e cuidado pelo outro

Há pessoas que se exaurem totalmente pelos outros e se descuidam das suas próprias necessidades. Isso pode até dar certo por algum tempo. Cuidar dos outros me enche de alegria. No entanto, esquecer totalmente do cuidado comigo mesmo tem consequências graves. A desconsideração permanente das minhas próprias necessidades vai levando ao esgotamento. Quando isso acontece, perco não só a vontade de ajudar os outros, mas também a capacidade e a energia para me engajar pelos outros. Os outros me deixam agressivo. Ou vivencio a rejeição daqueles por quem me engajo. Sinto que os pressiono com a atenção que lhes dedico. Eles se sentem oprimidos e, então, rebelam-se contra isso. Isso me frustra, pois já lhes dei tanta coisa. E é assim que me agradecem.

Precisamos sempre de um bom equilíbrio entre receber e dar. Há um ditado que diz: "Quem muito dá muito precisa". Às vezes as pessoas dedicam muita atenção aos outros porque elas próprias precisam de atenção. Elas gostariam de ser benquistas por aquelas pessoas a quem dedicam atenção. Elas gostariam de ter reconhecimento e apreço para si mesmas. Muitas vezes elas também gostariam de ser admiradas pelo seu engajamento desinteressado. No entanto, se dou porque preciso, sempre saio perdendo. Somente quando dou porque recebi antes e isso agora flui dentro de mim, posso dar sem me exaurir. Quem se limita a dar fica exaurido. Em contrapartida, quem apenas recebe se engasga com o que recebe. É preciso uma boa medida, um bom equilíbrio entre receber e dar, entre o cuidado pelos outros e o cuidado por si mesmo.

Uma mãe me contou que teria se dedicado totalmente à sua família. Ela teria se doado toda para seus filhos. Mas estes agora saíram de casa e cada um tomou seu próprio rumo. Eles se manifestam muito pouco, pelo menos é o que sente a mãe.

Ela se sente magoada. Agora ela sente que não se doou apenas por amor. Ela também queria algo em troca. Ela queria que os filhos se mostrassem gratos. Ela também se doou porque necessitava para si própria. Ela necessitava a imagem de uma mãe que está inteiramente disponível para a família e, em consequência, é amada e elogiada por todos.

Um homem muito se empenhou voluntariamente por um clube esportivo. Por muito tempo ele gostou de fazer isso. Mas, nos últimos tempos, ele sente que estão se aproveitando dele. Quando alguém, durante uma sessão, pergunta quem resolverá isso ou aquilo, ninguém se manifesta. Ele sempre estivera disposto a assumir todas as tarefas. Mas agora ele sente irritação e decepção. Ninguém se mostra grato por seu empenho. Todos tratam isso como uma obviedade. Ninguém além dele se engaja de verdade. Enquanto o trabalho ou o engajamento em favor de outras pessoas trouxer alegrias, não há necessidade de se preocupar com traçar limites. Todavia, no momento em que aflorarem sentimentos como irritação e decepção, a sensação de ser usado, eles deveriam ser levados a sério. Eles mostram que deveríamos repensar nosso próprio limite. Quando vivemos acima do nosso próprio limite, a alma reage com insatisfação ou também com resistência. De repente não temos mais vontade de frequentar as sessões do clube. Não gostaríamos mais de nos engajar nisso ou naquilo. A resistência sempre deve ser verificada. Quando não é levada em conta, ela muitas vezes cobra seu preço em reações psíquicas e físicas. A resistência nos convida a examinar a medida de trabalho ou então a mudar nossa postura. Tudo havia corrido bem com essa atitude de estar disposto a tudo. Mas agora sentimos que essa postura não combina mais conosco. Por isso, para encontrar nossa medida é preciso prestar atenção em nossos sentimentos. Eles nos mostram se estamos em harmonia conosco e com as nossas possibilidades ou se deixamos de escutar a voz interior que nos direciona para nossa medida.

"Sem medida é o amor", disse um santo. Essa frase é condizente com o amor de Deus, que é ilimitado. O amor de Deus também é um desafio para o nosso amor. O nosso amor também deveria seguidamente passar dos limites. Não podemos amar nosso cônjuge apenas um pouquinho. Devemos amá-lo por inteiro. Mas deveríamos ao mesmo tempo ter consciência dos nossos próprios limites. Não somos Deus e não podemos amar ilimitadamente como Deus. Do amor humano sempre faz parte também a consciência dos próprios limites.

Um bom casamento vive da relação adequada entre proximidade e distância. Peter Schellenbaum fala do não no amor. No amor, também posso me delimitar e concedo esse direito também ao meu parceiro. Na parceria também existe um amor que sufoca o outro. Um amor que não o deixa respirar livremente. Ele se doa por inteiro, mas também espera demais do parceiro. A arte de amar consiste em que eu me sirva da fonte do amor "desmedido", mas que também sempre mostre o amor ao outro de maneira adequada. Adequada significa: na medida certa. Amo o outro de uma maneira que lhe faça bem, que lhe faça jus. Abraço e aperto contra o coração a quem amo. Mas não o sufoco de tal maneira que não pode mais respirar. Há pais e mães que cumulam suas crianças de amor. Mas às vezes esse amor ilimitado sufoca as crianças. Ele não lhes faz bem. Seguidamente presencio como filhos e filhas se afastam dos seus pais e de suas mães por se sentirem sufocados por seu amor. Isso decepciona os pais e as mães, mas é um chamamento a encontrar a medida certa do amor.

Nossas expectativas em relação aos outros

Também podemos entender as imagens que temos de nós mesmos como expectativas em relação a nós. E, exatamente do mesmo modo, também fazemos imagens do outro e temos expectativas em relação a ele. Se carregarmos dentro de nós imagens de autodepreciação, muitas vezes tendemos a valorizar mais os outros. Fazemos imagens muito elevadas deles. Vemos tanta coisa negativa em nós mesmos, ao passo que nos outros somente o positivo cai na vista. Temos a impressão de ser incapazes, enquanto os outros têm muitas capacidades. E quando, em contrapartida, fazemos imagens muito elevadas de nós, somos forçados a depreciar, desvalorizar, os outros. Tudo o que vemos nos outros é examinado criticamente. Suas boas ações são só hipocrisia. Eles só agem corretamente para serem vistos.

Frequentemente temos expectativas elevadas demais em relação aos outros. Esperamos que eles sejam perfeitos e façam tudo certo. Queremos que sejam modelos irrepreensíveis para nós. Nós os enaltecemos e endeusamos. Mas quando vivenciamos algo que não corresponde ao que imaginamos, ficamos decepcionados e os derrubamos do pedestal. Mas essas duas posturas não fazem jus às pessoas.

Evidentemente temos a necessidade de modelos para os quais podemos levantar nossos olhos. Ao fazer isso, com frequência os colocamos alto demais. Essas expectativas exageradas em relação a outros muitas vezes estão relacionadas com a experiência da nossa própria inferioridade. Por não valermos nada para nós mesmos, necessitamos de outras pessoas que representam vicariamente esse valor para nós. Desse modo, porém, construímos para nós um mundo aparente. E essa aparência seguidamente é desmascarada como tal pela realidade. Ficamos enfurecidos quando esse mundo aparente é tirado de nós. Quando isso acontece, projetamos nossas próprias fraquezas e sombras sobre aqueles dos quais anteriormente fizéramos depender nossos anseios. Passamos a ver no outro tudo aquilo que condenamos em nós. Ao julgar o outro, no fundo, estamos julgando a nós mesmos. Só que jamais admitiríamos isso. Seria um autoconhecimento muito doloroso perceber que a postura impiedosa com que contemplamos o outro, na verdade, vale para nós mesmos. Não podemos suportar o reconhecimento de que não estamos à altura da baliza que aplicamos a nós próprios.

Há 22 anos trabalho na Casa Recollectio. Nela também presencio seguidamente pessoas que têm exigências e expectativas desmedidas em relação ao programa da casa. Elas têm de desmerecer constantemente aquilo que lhes oferecemos com base no melhor da nossa ciência e consciência. Suficientes vezes, o que está por trás disso é um sentimento bem pessoal de inferioridade. Mas isso elas não querem admitir. Elas preferem lançar a culpa sobre outros, sobre os acompanhantes espirituais, sobre o programa geral. Há pessoas que precisam desmerecer seus médicos, terapeutas e conselheiros espirituais por não suportarem sua própria falta de valor. Elas não ousam olhar sua própria verdade nos olhos. Elas não estão dispostas a lamentar sua própria condição mediana e admitir que são como são. Ou ficam se lastimando por estarem passando tão mal ou então acusam os outros de não lhes oferecer a ajuda que esperam deles. Muitas vezes, porém, trata-se de exigências desmedidas aos seus auxiliadores. Elas querem que os outros os livrem do seu problema. Elas querem continuar sendo o que sempre foram. Elas querem apegar-se às suas autoimagens desmedidas sem padecer dos sintomas negativos de sua alma. Mas os sintomas negativos muitas vezes são uma rebelião da alma contra sua falta de medida.

Pessoas ativas no serviço de resgate e salvamento me contaram que seguidamente ocorre de serem xingadas por aqueles pelos quais se engajam. Há o médico que, com o helicóptero, quer resgatar pessoas que correram perigo devido à superestimação desmedida de si mesmas. Ele próprio se expõe ao perigo para resgatar tais pessoas. Mas então ele é confrontado com a seguinte pergunta em tom de censura: Por que só chegou agora? E é criticado por todas as intervenções que faz. O que está acontecendo ali? Alguém não quer admitir que cometeu um erro, que subestimou o perigo. Agora precisa de alguém para jogar a culpa por sua situação miserável. Nesse caso, é a pessoa que vem resgatá-lo. No entanto, quando se faz exigências desmedidas às pessoas encarregadas do resgate, logo não haverá mais ninguém disposto a arriscar a vida pelos outros.

Observamos a tendência de ter expectativas desmedidas em relação a outros em muitos âmbitos da sociedade. Formulam-se exigências enormes que, em última análise, ninguém consegue cumprir. E por não poderem cumprir as exigências que lhes fazemos, as pessoas são destratadas e rebaixadas ao nosso próprio nível de inferioridade. Ouvimos pela imprensa sobre um erro cometido por um político ou um homem da Igreja. E logo toda a nação se arvora o papel de juiz. Não é raro que isso prejudique uma pessoa de tal maneira que ela perde não só seu posto, mas também sua dignidade. Ela está "liquidada" em todos os sentidos. A condenação pela grande massa muitas vezes é tão aniquiladora que a proporcionalidade há muito já não está mais dada. Nessa situação, faria bem para nós a palavra de Jesus de que não devemos julgar: "Não julgueis e não sereis julgados. Pois como julgardes os outros, sereis também julgados; e a medida com que medirdes será usada para medir-vos. Por que olhas o cisco no olho do teu irmão e não vês a trave no teu?" (Mt 7,1-3). Quem se levanta como juiz sobre outros, algum dia presenciará o julgamento de outros sobre ele. Então, eles aplicarão a ele a mesma medida que ele lhes aplicou.

Não se revoltar tanto

Desenvolvemos em nossa sociedade uma verdadeira cultura da revolta. Ela contradiz a advertência de Jesus contra o julgar. Muitas vezes os meios de comunicação ou pessoas individualmente exigem que eu me revolte contra este ou aquele. Assim que alguém comete um erro, é preciso que outros se revoltem contra isso. E evidentemente deseja-se incluir também a Igreja nessa cultura da revolta. O que se quer é que ela com sua elevada pretensão moral integre o coro dos revoltados contra esta ou aquela pessoa. Contudo, eu sempre me recuso a revoltar-me contra uma pessoa. Em primeiro lugar, porque não tenho vontade de fazer isso ao comando de alguém. Em segundo lugar, porque resisto a colocar-me acima de outros. Pois é o que significa o termo alemão para revoltar-se (*"sich empören"*): levantar-se e colocar-se acima dos outros. Olho para os outros de cima do meu pedestal, da minha tribuna (*"Emporé"*). Mas isso não me compete. Em terceiro lugar, digo: não emito juízos sobre alguém que não conheço. Apenas ouço falar alguma coisa sobre seu comportamento, mas não conheço a pessoa. E, se não conheço uma pessoa, recuso-me a dizer qualquer coisa sobre ela. Deixo para Deus o juízo sobre mim e os outros. Atenho-me ao conselho dos monges antigos que viveram no século IV. Quando viam alguém que tinha cometido um erro, eles diziam: "Fui eu que cometi o erro". Isso parece exagero, mas eles se viam refletidos no comportamento do outro. Eles se olhavam nesse espelho e reconheciam que não tinham nenhuma garantia de que não cometeriam o mesmo erro algum dia. Esse modo de ver a questão torna a pessoa humilde e modesta. Ele nos preserva de colocar-nos acima dos outros e revoltar-nos contra eles.

Sempre que a sociedade toda se revolta contra alguém, ela se abstrai dos próprios erros. As pessoas atiram toda a sujeira que está grudada nelas sobre o bode expiatório que cometeu o erro. Elas pensam que, fazendo isso, poderão se livrar da sua própria sujeira. Mas não conseguem. Se examinarem com honestidade o que o outro exibiu em público e que é objeto da revolta de todos, perceberão tendências parecidas dentro de si mesmas. Então é preciso ter humildade e coragem para admitir para si mesmo a verdade, a sua própria limitação, indigência e fragilidade, e abster-se de todo juízo sobre outros.

Há os que querem que eu não só me revolte, mas também me indigne (*"entrüsten"*). *Rüsten* significa originalmente: preparar, equipar, adornar. Quando me indigno (*"entrüste"*) contra alguém, tomo-lhe o adorno, privo-o de sua dignidade. Desnudo--o diante de outros. Do equipamento (*"Rüstung"*) faziam parte também as armas que eu havia trazido para munir-me para a luta. A indignação (*"Entrüstung"*) despoja o outro de suas armas. Ele não consegue mais se defender. Ele não consegue mais se delimitar. Ele está, por assim dizer, nu diante dos outros. E, com sua indignação, todos o privam de sua dignidade, de sua beleza, do seu adorno e de seu equipamento, atrás dos quais ele poderia se esconder. Sem proteção, ele está exposto aos ataques de fora. O ensejo para a revolta e a indignação muitas vezes é ínfimo. Mas nós inflamos desmedidamente o mais ínfimo dos ensejos para que também possamos nos revoltar ou indignar desmedidamente. Quando isso acontece, temos a impressão de que nos libertamos de uma pressão interna. Mas a revolta contra outros não nos livra da possibilidade de cometer erros. No momento em que percebemos os nossos próprios erros, voltamos a necessitar de outra pessoa contra a qual podemos revoltar-nos para não precisar encarar nossa condição mediana. Temos de colocar-nos acima dos outros porque não queremos reconhecer o lamaçal em que estamos atolados.

Aceitar nossa condição mediana

Na nossa falta de medida, temos dificuldade em lidar com nossa limitação, com nossa condição mediana e corriqueira. No entanto, vem de longe o conhecimento de que a pessoa sábia sempre assume também a sua condição corriqueira. O taoismo diz: Tao, o caminho que leva à vida, é o corriqueiro. Lao Tse enfatiza repetidamente que o mistério de toda existência se encontra no corriqueiro. Porém, temos dificuldade de nos reconciliar com nossa condição mediana. O caminho até a reconciliação passa pelo ato de lastimar. Devo lastimar que não sou tão ideal, não sou tão espiritual, tão intelectual, tão criativo, tão querido nem tão bem-sucedido como eu gostaria de ser. A palavra "lastimar" expressa que é doloroso despedir-nos das nossas autoimagens desmedidas. Estamos tão organicamente ligados às nossas imagens desmedidas que dói separar-nos delas. Esse processo de separação é o lastimar. Passo pela dor e chego ao fundo da minha alma. Ali estou em harmonia comigo mesmo. Ali descubro minha verdade interior. E descubro ali, ao mesmo tempo, minha liberdade interior. No fundo da alma estou livre dos juízos emitidos por outros e também da minha própria avaliação. Simplesmente sou eu mesmo. Sinto que sou uma pessoa singular, criada por Deus como sou. Descubro meu valor, minha dignidade. E assim posso ser grato por ser como sou.

Afirmar minha condição mediana não só significa aceitar a mim mesmo, mas também reconciliar-me com a condição corriqueira do meu próprio fazer e viver. Jesus expressou isso em uma parábola, e fez isso em tom de provocação que incomoda muitos leitores e muitas leitoras atuais. Mas quando nos incomodamos com uma afirmação de Jesus, isso sempre é sinal de que Ele tocou em alguma ferida. Ele quer nos dizer o seguinte: "No ponto em que te incomodas, estás vendo a ti mesmo equivocadamente". Jesus diz:

> Quem de vós, tendo um escravo que lavra a terra ou cuida do gado, dirá para ele, quando voltar do campo: "Entra logo e senta-te à mesa"? Pelo contrário, não lhe dirá: "Prepara-me o jantar, arruma-te para me servires, enquanto eu como e bebo; depois comerás e beberás tu"? Por acaso fica o senhor devendo algum favor ao escravo pelo fato de este ter feito o

que lhe foi mandado? Assim, também vós, quando tiverdes feito tudo o que vos foi mandado, dizei: "Somos escravos inúteis. Fizemos apenas o que tínhamos de fazer" (Lc 17,7-10).

Há pessoas que consideram que tudo o que fazem é algo especial. Quando ajudam alguém, têm de trombetear o feito aos quatro ventos. Quando são bem-sucedidas em algo, consideram isso uma realização imponente. E descrevem o fato de tal maneira que todos as admiram. Elas têm de destacar-se o tempo todo. Jesus diz: não devemos vangloriar-nos do que somos nem do que fazemos. Devemos apenas cumprir nosso dever para conosco e para com os outros, nosso dever para com Deus e para com o momento. Pode-se dizer isso de maneira ainda mais sóbria: devemos fazer "o que é preciso", o que precisa ser feito neste momento. Não devemos sublimar nosso fazer em termos religiosos nem colocá-lo acima de outros. Nem devemos pintar nosso agir sempre com as cores mais favoráveis nem enaltecê-lo em tons altissonantes, mas simplesmente estar naquilo que fazemos. Essa é a justa medida. É isso que, em última análise, nos torna simpáticos também aos outros.

São Bento visualizou a parábola de Jesus a respeito do escravo inútil no capítulo que escreveu sobre a humildade: o monge se dá por satisfeito com o mínimo e o que há de mais vil e, em tudo o que é incumbido de fazer, considera-se um trabalhador ruim e indigno. Ele diz com as palavras do profeta: "Fui reduzido a nada e não o sabia; tornei-me como um animal diante de vós, porém estou sempre convosco" (RB 7,49s.).

No noviciado eu não sabia o que fazer com a visão beneditina da humildade. Ela provocou resistência dentro de mim. Eu não queria simplesmente ser um monge que se dá por satisfeito com tudo. Eu queria realizar algo. Eu queria desenvolver outra linguagem teológica dentro da Igreja. Eu queria chegar até as pessoas. No entanto, quanto mais velho fico, tanto mais compreendo a sabedoria das palavras de São Bento. O psicólogo e teólogo holandês Henry Nouwen, por quem tenho grande apreço, comentou essas palavras a seu modo durante uma estadia no convento trapista. Ele pensava o seguinte: ao escrever, ele sempre corre o risco de expor algo de uma maneira mais interessante do que corresponde à realidade e, portanto, de expor a *si mesmo* ao escrever. E, quando ele fala, está ciente da tendência de colocar a *si mesmo* no centro.

Sempre estamos sob pressão de ter de fazer algo de nós, de ter de provar algo, de provar que somos espirituais, intelectuais, bem-sucedidos, talentosos, interessados, experientes, que vale a pena conversar conosco. São Bento, pelo contrário, recomenda que devemos simplesmente fazer o que nos foi incumbido sem expor-nos à admiração. Devemos fazer "o que é preciso". Ao agir assim, não devemos colocar-nos acima dos outros, mas, muito antes, sentir-nos como um animal de carga, sobre o qual outros põem algo. Esse animal de carga carrega aquilo que acham que ele é capaz de carregar. E ele sabe que está sempre diante de Deus. Tento fazer tão bem quanto possível o trabalho de que fui incumbido. Porém, ao fazer isso, não coloco minha ambição no centro, mas sirvo ao trabalho. Não louvo a mim mesmo por saber fazê-lo melhor do que os demais. Posto-me, muito antes, na fila dos animais de carga, sobre os quais se pode pôr uma carga e que a levam até seu destino com lealdade e integridade.

Dizer sim ao corriqueiro aumentaria a qualidade do nosso trabalho. Não se trata, nesse caso, de julgar-se incapaz. Há pessoas que se servem dessa forma de humildade sobretudo para escapar do trabalho de que outros as julgam capazes. Elas dizem, então: "Não posso fazer isso. Não tenho talento suficiente para isso". Só que isso é uma desculpa. O animal de carga não tenta escapar da tarefa. Ele não pensa sobre sua capacidade.

Ele simplesmente faz o que lhe deram para fazer. Naturalmente é preciso que haja também pessoas criativas que produzam algo novo. Mas presencio com frequência em empresas que ali há cada vez mais "caciques" que dizem como deve ser feito o trabalho e cada vez menos "índios" que fazem o trabalho. Muitos dizem: sou qualificado demais para fazer isso. Que os outros façam isso. Mas por causa desse excesso de qualificação há cada vez menos pessoas que fazem aquilo que tem de ser feito.

Tanto a parábola de Jesus a respeito do escravo inútil quanto a compreensão beneditina de humildade, dizendo que devemos nos dar por satisfeitos com nossa condição corriqueira, provocam resistência no ser humano atual. Mas elas lhe fariam bem. Elas lhe apresentariam a medida que lhe corresponde. Em muitas transmissões televisivas, programas de entrevistas e de entretenimento, trata-se de apresentar seu melhor lado, colocar-se no centro, promover-se como algo especial. Às vezes é constrangedor ouvir o que se conta nesse mercado de vaidades para enaltecer a si mesmo. Não acontece mais nenhum encontro, o que importa é falar o máximo possível, não importando se aquilo que é dito faz sentido ou não. Faria bem a muitos apresentadores e a quem participa de programas de entrevistas frequentar a escola de Jesus ou a de São Bento. Depois disso, os exageros não seriam tão desmedidos. Depois disso, em vez do palavrório sem fim e da tentativa de superar o outro com a exposição de si mesmo, realmente haveria um diálogo, no qual um escuta o que o outro diz e responde.

As expectativas dos outros em relação a nós

Não só nós temos expectativas em relação aos outros. Os outros também têm expectativas em relação a nós. As pessoas que querem satisfazer todas as expectativas que lhes são postas se sobrecarregam, pois trata-se de uma grande diversidade de expectativas. As expectativas da firma são diferentes das da família. As expectativas do chefe são diferentes das dos colegas de trabalho. As expectativas dos colegas de trabalho são diferentes das dos clientes. Querer corresponder a todas as expectativas nos despedaça. Se satisfizermos uma expectativa, teremos de frustrar a outra. A razão pela qual há quem procure fazer jus a todos ou então fazer o que todos esperam é, uma vez mais, a falta de medida. Essas pessoas querem cair no agrado de todos. Mas não é raro que acabem causando um *burnout* [esgotamento].

Uma mulher assumiu a concessionária do seu pai. Era o sonho da sua vida. No entanto, depois de dois anos ela se sentiu esgotada. Ela achava que essa atividade era demais para ela e que seria melhor procurar outra. Mas no diálogo ficou claro por que ela se sentia esgotada. Ela se concentrava totalmente em corresponder às expectativas do pai. Somente quando teve coragem de conduzir a concessionária à sua maneira ela recobrou a alegria de exercer essa atividade.

Constantemente somos confrontados com as expectativas do pai e da mãe, do chefe, dos colegas de trabalho, mas também com as expectativas dos nossos amigos, mesmo que muitas vezes elas nem sejam explicitamente articuladas. É preciso tomar ciência dessas expectativas. Digo, então: é bom que tenhas essas expectativas em relação a mim. Sinto que sou importante para ti e que me achas capaz de fazer algo. Mas eu mesmo quero decidir quais expectativas satisfazer e quais não. Não estou aqui para satisfazer todas as expectativas. Minha tarefa é viver a imagem única que Deus fez de mim. Se fizer isso, corresponderei à minha essência. Só então encontrarei minha medida. Deus não tem expectativas em relação a mim. Ele me criou como essa pessoa única que sou. Não permito ser medido pelos outros e por suas expectativas.

Vivencio muitas pessoas que se sentem pressionadas pelas expectativas de outros. Pelas expectativas que a firma tem em relação a elas, mas também pelas expectativas da própria família e do círculo de amigos. Elas não conseguem impor limites às expectativas de outros. Elas próprias se colocam sob pressão. Elas não têm coragem de afirmar sua própria medida. Não devemos ignorar as expectativas dos outros. Se fizéssemos isso, mostraríamos nosso desinteresse pelas pessoas. Mas não devemos encarar as expectativas como obrigação. São expectativas livres, às quais podemos responder livremente. Somente quando estamos conosco mesmos, quando nos sentimos livres, somente se tivermos um senso para nossa própria medida, reagiremos adequadamente às expectativas dos outros. Satisfaremos algumas, outras não. É nossa decisão livre, como e quando e em que medida satisfaremos as expectativas de outros.

Muitas pessoas que acompanho têm a consciência pesada quando impõem limites às expectativas de outros ou quando dizem não a um desejo que lhes é dirigido. Elas têm um juiz interior, o superego, que as impele a satisfazer toda expectativa. É o motivador interior dizendo: sê comportado, agrada as pessoas, torna-te benquisto. Esse motivador interior gera em nós uma consciência pesada. E uma consciência pesada é renitente. Não é tão fácil acalmá-la. Ela exerce poder sobre nós. Mas, por trás de uma consciência pesada se encontra, em última análise, novamente uma exigência desmedida a nós mesmos, a saber, a exigência de passar a vida sem nenhuma mácula e agradar a todos.

Ser cuidadoso com a criação

A arte de encontrar a justa medida é importante sobretudo quando se trata da criação. Presenciamos como, nas últimas décadas, o ser humano onerou a natureza com seu estilo de vida desmedido e piorou as condições da nossa vida. A natureza tem sua própria medida. Ela nos ensina como podemos lidar adequadamente com ela e também qual é nossa medida humana. Deveríamos também hoje frequentar a escola da natureza.

Sustentabilidade ao lidar com a criação

Sustentabilidade [*Nachhaltigkeit*] é um conceito originário da silvicultura. Devemos extrair da floresta somente o mesmo tanto que replantarmos nela. É preciso haver um equilíbrio entre retirada e aquilo que volta a crescer. Essa metáfora foi usada então para toda a nossa maneira de tratar a criação. Devemos adotar uma maneira sustentável de lidar com a natureza. Não podemos espoliar suas fontes. Devemos tomar providências para que nos mares a pesca não vá além da conta, ou seja, que só se pesque a quantidade de peixes que pode ser recomposta por novos peixes. Não podemos desperdiçar as reservas de petróleo. Não podemos exaurir os campos agricultáveis da Terra, plantando e acelerando demais o crescimento com agentes químicos. Devemos lidar de maneira adequada e sustentável com a energia. O comportamento insensato e inescrupuloso contribui para a mudança climática. E a mudança climática terá um efeito negativo em nossa vida. O nível dos mares se elevará, territórios serão inundados. O clima modificado condiciona uma modificação no cultivo. Certas frutas não crescerão mais em determinadas regiões. O ritmo de crescimento e colheita discrepam. É importante manter em vista essas conexões. Lidar de modo sustentável com o meio ambiente corresponde ao nosso discernimento humano. Quem espolia a natureza é cego para os argumentos da razão. Ele ilude a si mesmo. Cerra os olhos diante das consequências de sua espoliação. Assim, sustentabilidade em relação à criação significa que, em nosso fazer, já deveríamos ter em vista as gerações futuras.

Mas não basta pleitear sustentabilidade unicamente por motivos racionais. Devemos ter também uma relação interior com a natureza para lidar bem com ela; precisamos sentir que somos parte dela. E precisamos também de uma relação espiritual com a natureza. Em última análise, é na natureza que encontramos Deus. A natureza está impregnada do Espírito de Deus. Ela espelha a beleza de Deus. Somente se estivermos de olhos bem abertos para a beleza da natureza, nós a trataremos com reverência. E somente se olharmos e respeitarmos a natureza como criação de Deus, os motivos racionais para a proteção do meio ambiente se concretizarão também em nosso comportamento diante da natureza.

Há ecologistas que propagam a sustentabilidade de modo puramente moralizante. Eles querem provocar em nós uma consciência pesada. Deles não parte nenhuma alegria de viver. Eles apontam sempre apenas para evoluções negativas e pintam um quadro aterrorizante. Contudo, a sustentabilidade só será exitosa se vier associada à alegria de viver, se ela tornar a vida mais bela. Segundo o escritor russo Dostoiévski, a beleza constitui uma motivação decisiva para a nossa vida. "A beleza salvará o mundo", diz ele. Somente se associarmos a sustentabilidade com a ideia da beleza, realmente a vivenciaremos em nossa maneira de tratar a natureza e as coisas deste mundo.

Sustentabilidade ao lidar conosco mesmos

No entanto, a sustentabilidade não se refere somente à natureza, mas também aos seres humanos. Devemos lidar de maneira sustentável com as nossas próprias energias.

Conheço firmas que adotaram o lema da sustentabilidade. Elas querem operar ecologicamente. Mas tratam sem nenhuma parcimônia os recursos dos seus funcionários. A sustentabilidade tem de referir-se também à força de trabalho dos funcionários. São Bento exorta o abade a ponderar a medida das forças dos seus colaboradores. Ele não deve permitir que seus irmãos se esforcem além da conta. Caso contrário – diz ele tendo em vista o patriarca Jacó –, todos morrerão num dia. São Bento leva em conta a sustentabilidade dos irmãos ao propor um ritmo bom para o dia. Esse ritmo alterna entre oração e trabalho. E ele nunca concede tempo demais ao trabalho.

Podemos aprender da natureza como lidar de maneira sustentável com nossas próprias energias. Na natureza, sustentabilidade significa que volta a crescer aquilo que retiramos dela. Em relação ao nosso trabalho, isso significaria: precisamos de períodos de regeneração para que a energia que dispendemos no trabalho possa voltar a crescer. Esses períodos de regeneração são períodos de repouso na família, o fim do expediente de trabalho e o sono. São os períodos de silêncio, de meditação, de oração. São as pausas, os momentos vividos ao léu, nos quais nos permitimos não fazer nada. Porém, muitas pessoas continuam a praticar também no tempo livre a mesma falta de medida que determina seu trabalho. Constantemente precisam empreender algo porque não sabem mais o que fazer com o puro repouso. Elas não suportam o silêncio. Algumas pessoas não conseguem ficar em silêncio porque têm medo do que poderia emergir dele. Poderiam entrar em contato com sua vida não vivida. Poderiam, então, dar-se conta de que estão vivendo longe de si mesmas. Em consequência, elas precisam preencher cada instante com alguma coisa. Essa postura leva a que sempre se sintam esgotadas. Não há tempo para deixar que as energias interiores voltem a crescer. Essas pessoas anseiam por tranquilidade, mas não a encontram sem o silêncio.

Da sustentabilidade no lidar com as próprias energias faz parte intercalar pausas. Muitas pessoas pensam que devem empregar sua força de trabalho constantemente de modo ainda mais efetivo. Assim elas usam a pausa da jornada de trabalho para responder e-mails ou rapidamente ainda comer uma fatia de pão. Mas isso não é pausa. O ser humano necessita de pausas para regenerar-se interiormente. A ciência do cérebro nos ensina que ele necessita de pausas para reorganizar-se. Quem faz pausas é muito mais criativo do que quem acha que seu desempenho aumentaria mediante intensificação. Quando não me ocorre mais nada para escrever, faço uma pausa e me deito na cama por dez minutos. Não fico pensando no que eu poderia escrever em seguida. Permitindo-me não pensar no livro nesses dez minutos, de repente me vêm automaticamente boas ideias de como continuar a escrever meu texto.

Uma mulher que trabalha com ervas medicinais me contou que, entre 1º de novembro e 2 de fevereiro não se deve extrair raízes. Nesse período, as plantas necessitam de quietude para deixar fluir por suas raízes as forças curativas da terra. A Igreja assumiu a sabedoria da natureza e nos convida a cuidar das nossas raízes nesse tempo de pouca luz, tomando tempo para a quietude. As festas do ano eclesiástico que caem nesse período – Todos os Santos, Finados, Tempo do Advento, Natal e, por último, Candeias – oferecem uma boa oportunidade para auscultar nosso interior e tomar consciência de nossas raízes. As raízes precisam de alimento para que possam deixar fluir sua força curativa para as ervas medicinais. Nossas raízes também precisam de alimento na oração e na meditação, no diálogo e na quietude, para que consigamos superar bem o ano.

Para São Bento, a meta do comedimento com as nossas próprias forças e as forças dos coirmãos é evitar a tristeza e a murmuração. Reiteradamente São Bento exorta o celeireiro: "Não entristeça seus irmãos" (RB 31,6). Ele deve organizar tudo comedidamente para não exigir demais de ninguém. E ele deve dar aos irmãos aquilo que precisam, sem que eles tenham de lhe pedir constantemente: "Às horas convenientes seja dado o que deve ser dado e pedido o que deve ser pedido, para que ninguém se perturbe nem se entristeça na casa de Deus" (RB 31,18-19). No mosteiro, ninguém deve se entristecer nem ficar interiormente perturbado. E ninguém deve ter motivo para murmurar.

Para São Bento, tristeza e murmuração são os dois perigos que toldam a vida de uma comunidade. Por isso, tanto o abade quanto o celeireiro devem providenciar para que os irmãos gostem de viver e trabalhar na comunidade. Tudo deve ser regrado comedidamente. No entanto, São Bento também sabe que a murmuração não depende só da maneira comedida de tratar as energias dos coirmãos, mas também da atitude interior. Há coirmãos que reclamam de tudo e aos quais nunca se consegue agradar. São Bento trata-os com rigor. Eles deviam ser punidos. Hoje isso não é mais possível. Mas é importante fazer algo contra a murmuração, questioná-la, refleti-la como comportamento inadequado de quem murmura. Pois, no final das contas, por trás dele se encontram exigências desmedidas em relação à vida.

Hoje em dia, a "murmuração" se expressa na insatisfação. Tudo que se recebe é muito pouco: muito pouco dinheiro, muito pouca atenção, muito pouco amor, muito pouca consideração, muito pouco reconhecimento. No entanto, quem fica sempre olhando para o "muito pouco" nunca estará satisfeito. Ele interiorizará essa murmuração contra a qual São Bento toma medidas tão rigorosas. A murmuração impede as duas posturas mais importantes que se necessita para ter uma vida bem-sucedida: a gratidão e a alegria.

A murmuração evidencia uma postura infantil. Hoje em dia, essa postura está muito disseminada. No seu livro *Sofro, logo sou*, Pascal Bruckner pergunta: "O bebê será o futuro do ser humano?"* A seu ver, o ser humano do futuro será um bebê gigante em processo de envelhecimento fazendo exigências enormes aos outros. Ele murmura como uma criança pequena que não recebe o que quer. Muitas vezes desejos infantis nada têm a ver com a realidade. As crianças se enfronham em um desejo e acham que o mundo acabará se ele não for satisfeito. São Bento exige dos responsáveis que não deem motivo para a murmuração. Mas ele também pede dos monges que evitem o vício da murmuração. Eles só farão isso se submeterem sinceramente seus próprios desejos e suas próprias ilusões a um exame crítico. Sua tarefa é deixar a postura infantil e chegar a uma postura madura. Quem murmura é como o bebê gigante em processo de envelhecimento se queixando de que a vida lhe nega aquilo que ele mais quer.

O bastante não é o bastante

A insatisfação que São Bento criticou tão duramente há 1.500 anos, ao falar do vício da murmuração, tornou-se hoje marca registrada da sociedade. Nada nos deixa satisfeitos. Ter

---

* Bruckner, p. 21ss.

tudo ainda não é o bastante. Sempre ainda há algo que gostaríamos de ter, mesmo que não precisemos disso. O fato de o vizinho ter comprado um carro novo já basta para desejar um carro novo. O carro velho já não é mais suficientemente bom, mesmo que ainda faça o serviço. No entanto, a comparação com outros nos leva a elevar cada vez mais o nível das exigências que fazemos a nós mesmos. Queremos cada vez mais. Pelo fato de não terem centro – centro tem a ver com medida: *metron* e *medium* –, algumas pessoas também são desmedidas em seus desejos.

Nos últimos tempos, contudo, estabeleceu-se também outro movimento que reconheceu que a postura do "quero tudo e muito mais" não faz feliz nem gera satisfação. Sua divisa é *"simplify your life"*: simplifique sua vida. Livre sua casa da tralha. Pense naquilo a que você pode renunciar. Descarte ou doe o que não necessita. Você se sentirá mais livre.

Menos é mais – entrementes muitos reconheceram isso. Não nos sentimos bem em uma casa entupida de todas as coisas possíveis que foram compradas porque estavam sendo vendidas por um preço barato. Não conseguimos mais respirar dentro dela. Simplificar a vida começa com livrar-se da tralha amontoada dentro de casa. Em seguida, é a vez da agenda. Nela também se imiscuíram muitos compromissos que, na nossa opinião, tínhamos de assumir: este ou aquele treinamento para ficar em forma, este ou aquele aconselhamento para a vida. Porém, diante de tantas sessões de aconselhamento não sobra mais tempo para viver. Nem é possível aplicar na prática tantos conselhos recebidos, porque bastantes vezes eles caminham em direções bem diferentes.

A medida para o nosso trabalho, a medida para as nossas forças

Muitas pessoas sofrem de *burnout* [esgotamento]. Mesmo que hoje seja comum reivindicar para si mesmo essa etiqueta, o esgotamento é, na maioria dos casos, um grave problema. Muitas vezes ele está relacionado com trabalho desmedido. Portanto, quando alguém vem a mim com *burnout*, sempre pergunto por que trabalhou tão desmedidamente. Nesse caso, via de regra, joga-se a culpa na firma ou no chefe da firma. Eles teriam exigências e expectativas muito grandes e os estariam colocando constantemente sob pressão. No entanto, o trabalho desmedido sempre tem algo a ver também com exigências desmedidas a nós mesmos: gostaríamos de dar a impressão de que podemos aguentar qualquer coisa, sem limites. Não queremos deixar transparecer nossas fraquezas para os outros. Temos medo de aceitar nossos limites e assumi-los diante dos demais; temos medo de demarcar-nos em relação a eles. Assim que nos sintonizamos totalmente com as expectativas e exigências feitas a nós de fora, perdemos nosso próprio centro. E quem perdeu o centro também perde sua medida. Torna-se manipulável. Coloca a si mesmo sob pressão e, desse modo, se prejudica. Em contraposição, quem está no seu centro, responderá criativamente à pressão de fora. Não permite que o espremam.

Muitas pessoas trabalham desmedidamente para satisfazer as exigências desmedidas que fazem a si mesmas. Quem sente alegria em seu trabalho também trabalha muito. Mas essa pessoa conhece sua medida. Ela inclusive dá ouvidos ao seu sentimento. Enquanto gostar de trabalhar, não se sente esgotada. O esgotamento surge quando bebemos de fontes turvas, como, por exemplo, da fonte do perfeccionismo ou da ânsia de ser querido por todos, de satisfazer os desejos de todos, de mostrar-se sempre em forma. Quem vai até o limite ou até o ultrapassa por um longo período verá que, em algum momento, seu corpo ou sua alma lhe mostrará muito claramente esse limite e o obrigará a fazer uma pausa mediante alguma doença.

Pessoalmente gosto muito de dar palestras. Contudo, às vezes me sinto explorado. Quando isso acontece, algo dentro de mim provoca resistência. E isso então sempre é um sinal de que preciso impor limites. Meu sentimento regula a medida do meu trabalho. Quem está constantemente sentindo a resistência interior contra as ordens da firma por considerá-las sem sentido e desmedidas tem a responsabilidade de agir de acordo com seus sentimentos. Nesse caso, essa pessoa também deve dizer ao seu chefe que considera as expectativas desmedidas. Talvez no diálogo ela seja capaz de reconhecer que a medida deve provisoriamente ser extrapolada. Mas ela precisa ter a esperança de que, em algum momento, se possa voltar a manter a medida.

Há uma bela história de monges, mostrando que a longo prazo só conseguiremos trabalhar bem e dar conta da nossa vida se mantivermos a medida certa das coisas:

Certo homem caçava animais selvagens no deserto. Ele viu o venerável Antônio divertindo-se com os irmãos e isso o incomodou. Ora, o ancião, querendo explicar-lhe que às vezes é preciso descer ao nível dos irmãos, disse-lhe: "Põe uma flecha no arco e estica!" Ele fez isso. Então ele lhe disse: "Estica mais!", e ele esticou. Mais uma vez ele pediu: "Estica!" Então o caçador lhe respondeu: "Se eu esticar além da medida, o arco se quebra". Então o ancião lhe deu a seguinte lição: "Assim também é com a obra de Deus. Se forçarmos os irmãos além da medida, eles logo falharão. De tempos em tempos é preciso vir ao encontro dos irmãos". Quando o caçador ouviu isso, tomou tento e se despediu do venerável com grande proveito. Os irmãos, por sua vez, retornaram fortalecidos ao seu local (Antônio 13).

Só poderemos trabalhar sem nos esgotar se não esticarmos demais nosso arco.

Disciplina e ordem

O comedimento inclui a disciplina. A palavra "disciplina" soa um tanto suspeita a nós, que somos alemães. Pois o "Terceiro

Reich" colocou a disciplina no centro da pedagogia. Queriam-se crianças disciplinadas porque se opinava que jovens que aprenderam a disciplina poderiam se tornar melhores soldados. Em reação a essa postura, a pedagogia do período pós-guerra assumiu uma visão mais crítica à disciplina. Ela temia que, de tanta disciplina, as crianças perderiam sua vitalidade. Mas não é este o sentido da disciplina. A disciplina é muito antes a disposição de aprender e corresponder à ordem da vida.

A palavra latina *disciplina* provém de *discipere*, cuja raiz, por sua vez, está contida em *capere* = pegar, tomar. *Discipere* significa pegar algo com a mão, desmembrar algo para apreendê-lo. A disciplina implica, portanto, tomar minha vida nas mãos. Eu a subdivido de maneira a poder vivê-la conscientemente. Assim também se torna compreensível por que para Hildegard de Bingen a disciplina é a arte de alegrar-se sempre e em toda parte. Quem pega tudo ao mesmo tempo nas mãos sobrecarrega-se. Essa pessoa não consegue desfrutar. Não consegue alegrar-se com o que está tocando. Por querer tudo, ela, no final das contas, não consegue pegar nada. A rigor, disciplina é, portanto, a arte da vida saudável. Se eu comer um pedaço de torta, consigo desfrutá-la. Mas se não conseguir parar de comer, fico incomodado comigo mesmo. A disciplina é a arte de alegrar-se sem consciência pesada com aquilo que nos permitimos e com o que estamos fazendo neste momento.

Simultaneamente a *disciplina* se refere à ordem correta em que nos inserimos. Não vivemos sem forma, mas nos proporcionamos uma ordem interior e exterior, na qual também nossa alma encontra seu lugar. Na Regra de São Bento, a ordem (*ordo*) é um conceito importante. São Bento visa ordenar a vida dos monges de acordo com sua essência e como ele a interpreta a partir da ordem da criação. Hildegard de Bingen explicitou essa ideia beneditina da *ordo* em sua doutrina da saúde. O ser humano vive de modo saudável quando vive de acordo com a ordem. Quando constrói uma cultura de vida que lhe faz bem e que faz florescer suas capacidades e energias. Quando o ser humano se comporta de acordo com a ordem divina, isso beneficia, segundo a compreensão de Hildegard, a totalidade da criação. Para ilustrar isso, ela usa a imagem da rede que o homem segura em sua mão. "Assim também o ser humano segura em sua mão a rede do mundo e move os elementos de tal maneira que emitam suas irradiações de acordo com o que ele faz"*. O ser humano que se encontra dentro da ordem emite uma irradiação positiva sobre a criação, ao passo que seres humanos interiormente caóticos têm um efeito destrutivo sobre o cosmo.

Não se trata aqui de uma ordem rigorosa. Mas quando estruturamos nosso dia e mantemos nossa residência organizada, a alma também fica em ordem. Algumas pessoas me dão a impressão de que nada está em ordem dentro delas. Elas não conseguem organizar seu dia. Elas são caóticas nos trabalhos e caótica também é a aparência do lugar onde moram. Atualmente há cada vez mais *messies* [pessoas bagunçadas]". O lugar onde moram parece um lixão e muitas vezes elas não têm mais coragem de convidar outras pessoas para virem à sua residência. Elas ficam constrangidas com sua desordem, mas não conseguem livrar-se dela. Essa desordem exterior permite deduzir um caos interior. Sobretudo pessoas jovens muitas vezes transformam em pouco tempo seu quarto em um caos. Elas até se sentem bem nesse meio. Outros apostam que seu pai e sua mãe arrumarão o quarto. No entanto, quando o pai e a mãe são coerentes e deixam suas crianças com seu caos, em algum momento viver dessa maneira acabará se tornando insuportável.

Hoje em dia, disciplina e ordem não são palavras apreciadas. Muitos pais e muitas mães ainda escutam o protesto da

---

* Schipperges, p. 75.

geração de 1968 que, em vez da disciplina, pleiteou liberdade e espontaneidade na educação. Era preciso confiar no sentimento da criança. Mas sem disciplina e ordem o ser humano fica sem sustentação. Ele perde sua forma. E quem vive sem forma fica descomposto. Perde seu centro.

Em consequência, disciplina também é a arte de viver pessoalmente a vida em vez de ser vivido por ela: pego minha vida pessoalmente nas mãos. Dou-lhe a forma que mais combina comigo. Em última análise, disciplina e ordem têm a tarefa de configurar nossa vida da maneira que corresponde à nossa essência, que corresponde à imagem singular que Deus fez de cada um de nós.

Essa ordem começa nos nossos pensamentos. Há pessoas que não conseguem organizar seus pensamentos. Por isso, os monges viram como tarefa importante de sua ascese a maneira correta de tratar os pensamentos. Isso significa: não me deixo determinar pelos mil pensamentos que emergem dentro da minha cabeça. Não permito que eles me levem de roldão. Eu penso por mim mesmo. Desse pensar ativo faz parte que eu perceba conscientemente, analise e avalie os pensamentos que emergem descontroladamente. Ao fazer isso, sou capaz de desfazer-me de uma parte dos pensamentos que me ocorrem. Ou então pergunto-lhes o que querem dizer-me. Assim, aos poucos, meus pensamentos se organizam. Passo a entender meu caos interior. E, assim que o entendo, sou capaz de pôr ordem nesse caos.

Depois de ordenados os pensamentos vem um falar ordenado. Há pessoas que não conseguem escutar. Elas precisam falar sempre. Falam muito, mas o que dizem não faz sentido. E demasiadas vezes sua fala é tão caótica que não é possível acompanhar seu raciocínio. Tem-se a impressão de que só falam para driblar seu caos e seu vazio interiores. Porém, quem fala caoticamente não é capaz de travar um diálogo. Não escuta, não deixa o outro completar sua fala.

Depois da ordem no falar vem a ordem no fazer. No seu trabalho, muitos saltitam de um ponto para o próximo. Mas também há os que não fazem isso. É uma bênção trabalhar com pessoas que são interiormente organizadas e transferem essa ordem e estrutura para seu trabalho. Isso começa com as discussões regulares sobre os assuntos e se mostra na sequência clara com que fixam o momento em que gostariam de realizar as diferentes tarefas.

E depois da ordem no trabalho vem, por fim, a ordem na vida. Paulo diz aos tessalonicenses: "Também vos exortamos, irmãos, que admoesteis os indisciplinados!" (1Ts 5,14). Pôr ordem na vida significa: ordenar as relações, seu estilo de vida, sua comida e, desse modo, a vida como um todo.

A medida certa do tempo

A medida também inclui a medida certa do tempo. Trabalhamos demais porque estendemos o tempo de trabalho. Não atentamos para o nosso próprio ritmo. A sabedoria da Regra de São Bento consiste em ordenar a vida dos monges de maneira que tudo tem o seu tempo: o trabalho, a oração, o despertar e o dormir, a leitura e a meditação, e o tempo da refeição em comum. Hoje em dia há muitos cursos que ensinam a administrar o tempo. Mas o perigo reside em que, depois disso, passamos a enfiar ainda mais coisas em nosso tempo e a tratá-lo de modo ainda mais desmedido. Tenho a impressão de que algumas pessoas que visam a uma boa administração do tempo encaram o tempo como adversário a ser derrotado. Para mim é importante ver o tempo como amigo. O que me importa é o cuidado ao lidar com o tempo.

Os gregos têm duas palavras para tempo: *chrónos* e *kairós*. Cronos era o deus primevo que devorou seus filhos. E assim *chrónos* também é o tempo que nos devora: o tempo agitado, o tempo que nos pressiona constantemente a trabalhar mais rápido e que nos acossa de um compromisso para o outro. A palavra alemã para acossar (*"hetzen"*) vem da palavra para odiar (*"hassen"*). Quem corre de um compromisso para o outro odeia a si mesmo. Portanto, o tempo *chrónos* é um tempo do ódio a si mesmo, e, quando se força outros a entrarem no tempo cadenciado do deus Cronos, também é um tempo do ódio aos outros.

Ao tempo negativo os gregos contrapõem o conceito do *kairós*, o tempo agradável do qual também Jesus sempre fala. O Evangelho de Marcos nos fala do início da atividade proclamadora de Jesus. A primeira palavra que Jesus proclama é esta: "Completou-se o tempo (*kairós*), e o Reino de Deus está próximo. Convertei-vos e crede no Evangelho" (Mc 1,15). O tempo agradável é o tempo completo, o tempo que não está cheio de compromissos, mas o tempo da proximidade de Deus. É o tempo no qual estou presente por inteiro. Pois Deus sempre é o Deus presente. E é o tempo governado por Deus e não pelo ser humano com suas expectativas e exigências. Onde Deus governa em mim estou livre da pressão dos seres humanos, estou livre da pressão que faço sobre mim mesmo. Porém, isso requer que eu me converta ou, como dizem os gregos, que eu mude de mentalidade (*metanoein*). Devo olhar o tempo com outros olhos. Simultaneamente *kairós* é o momento oportuno. Os gregos representam o *kairós* como um homem jovem. Ele caminha na ponta dos dedos ou equilibra-se sobre rodas e equilibra uma balança sobre uma lâmina de barbear. Interessante é sua cabeça. Na testa ele tem um topete, ao passo que a parte de trás da cabeça é calva. Com essa representação os gregos queriam indicar o seguinte: é preciso agarrar a oportunidade pelo topete. O instante é fugidio. Depois que ele passou, não é mais possível alcançá-lo. Por isso, é preciso encontrar e agarrar o *kairós* de frente, assim que ele aparece.

Vivenciar o tempo como *kairós* ou como *chrónos* depende de nós e de nossa mentalidade. Quando estou totalmente comigo mesmo, totalmente no instante, o tempo é agradável. Mas se constantemente me coloco sob pressão de ainda ter de resolver isso ou aquilo, ele se torna um tempo desagradável que me devora. Quando estou presente no instante, concentro-me totalmente no trabalho, no diálogo com o colega de trabalho ou o cliente. Transmito ao outro que tenho todo o tempo do mundo. Se, ao contrário, estou sempre olhando para o relógio para não passar da hora do próximo compromisso, o diálogo se torna agitado. Não estou presente nele. E assim o outro não sente que estou lhe dando tempo. Ele percebe a *pressão do tempo* que pesa sobre mim.

A arte de estar totalmente presente, de ser atencioso, de estar no instante, é uma condição para vivenciar o tempo como *kairós*. Outra condição para um tempo agradável são um ritmo saudável e rituais curativos.

Viver no ritmo

O que mais impressiona os convidados que nos visitam é o ritmo da vida no mosteiro, com o qual eles entram em sintonia. Justamente as lideranças que frequentam nossos seminários se sentem estimuladas por ele a refletir sobre seu próprio ritmo cotidiano. Conferir à vida um ritmo também foi uma preocupação importante de São Bento. Ele cuidou para que os monges tivessem uma boa ordem do dia, que houvesse um ritmo correto de oração e trabalho, de solidão e comunhão. Para conseguir isso, ele tomou como ponto de partida o ritmo da natureza e o biorritmo dos monges. A natureza como mestra original de sabedoria do ser humano mostra-lhe, com o auxílio do seu ritmo, como ele pode viver de maneira saudável. Ele consegue isso quando se orienta pelo ritmo de dia e noite, de luz e escuridão e pelo ritmo de sete dias da semana que tomou forma muito cedo na história. Após seis dias de trabalho, o ser humano necessita um dia de descanso.

A marca da cultura judaica era o grande apreço pelo sábado. Isso sempre foi também um grande apreço pelo ser humano, que justamente não está aí só para o trabalho, mas se permite um dia de descanso, um dia em que tem tempo para ler, para celebrar, para ficar em silêncio e para conversar. A tradição cristã transferiu para o domingo o grande apreço pelo sábado. Nos últimos tempos, contudo, a cultura do domingo é questionada cada vez mais. Dissemina-se por toda parte a abertura dos negócios aos domingos. Muitas pessoas acolhem gratas essa moda. Pois assim permanecem ocupadas e podem consumir também no sétimo dia conforme lhes aprouver. Elas nem percebem que isso não é um ganho, mas uma perda: a perda de um dia especial, de um dia que se diferencia dos demais dias da semana. A Bíblia fala do descanso sabático de Deus, do qual o ser humano participa no sábado. Portanto, o domingo protege a dignidade do ser humano. Ele o protege de ser apenas produtor ou consumidor. O ser humano ganha sua dignidade ao parar pelo menos uma vez na semana para encontrar um apoio no seu íntimo.

Mas também existe um ritmo anual, pelo qual se orientam todos aqueles que trabalham com a natureza. No inverno, eles se recolhem na casa aquecida e fazem aquilo que a estação permite. A primavera é marcada pelo cultivo dos campos, o verão pelo trabalho árduo. O trabalho se orienta no clima. Quando o calor é muito intenso, faz-se uma pausa ao meio-dia; as pessoas se adaptam às condições de sol e chuva. O outono é o tempo da colheita e da ação de graças pela colheita. Simultaneamente as estações também são sempre símbolos da vida do ser humano: a primavera é símbolo da juventude; o verão, da florescência da vida; e o outono, do envelhecer.

Quem trabalha constantemente contra seu ritmo interior, contra seu biorritmo, espolia a si próprio. C.G. Jung opinou certa vez: quem tem um ritmo de trabalho consegue trabalhar de modo mais efetivo e duradouro. O ritmo nos mantém vivos. Para mim pessoalmente o ritmo de trabalho se tornou muito importante. Quando penso nos meus tempos de escola, o mais importante não foi *o que* eu aprendi. Aprendi, muito antes, *como* aprender corretamente. No meu estudo diário, nunca utilizei mais de meia hora para cada matéria. E subdividia bem o meu tempo: começava com o estudo de vocábulos latinos e gregos. Isso requeria maior capacidade de concentração. Depois fazia os trabalhos escritos e, em seguida, estudava as matérias secundárias. O fato de alternar as matérias me mantinha desperto e aberto para o novo que tinha em mãos a cada momento. Hoje também fico atento para os períodos em que meu desempenho é maior, nos quais consigo pensar efetivamente, e os períodos em que minha energia diminui e só sou capaz de realizar trabalhos menos exigentes. E seguidamente paro. Faço pausas para retomar o contato com a fonte interior. As pausas são sempre criativas.

Hoje em dia, muitas pessoas pensam que deveriam fazer a maior quantidade possível de coisas ao mesmo tempo. Que deveriam dar duro para aprontar um trabalho. No entanto, se trabalham contra o seu próprio ritmo, não conseguem fazer muito. Elas cometem muitos erros desnecessariamente. Não conseguem mais se concentrar. E, acima de tudo, perdem a criatividade.

Há quem se admire de que, ao lado do meu trabalho na administração, ao lado das numerosas palestras e cursos, ainda consigo escrever tantos livros. É o ritmo que faz isso. Toda semana tenho seis horas para escrever: nas terças e quintas de manhã das 6 às 8 horas e nos domingos à tarde. Alegro-me na expectativa dessas seis horas. Nesse momento estou inteiramente presente. Assim nunca me sinto acossado pelos meus outros trabalhos. Realizo um depois do outro, um de cada vez. E cuido para que, entre meu trabalho na administração e as palestras à noite, eu tenha uma pausa, na qual posso me regenerar. Deito-me por 15 minutos na cama e repito para mim mesmo: agora não precisas fazer coisa nenhuma. Simplesmente desfruto o peso do cansaço. E desfruto o momento de estar simplesmente sem ocupação. Então, a energia para a palestra aumenta automaticamente. É claro que um bom ritmo sempre inclui também a atitude interior de nunca me colocar sob pressão no que faço. Simplesmente deixando brotar aquilo que faço – assim como na natureza tudo simplesmente brota e cresce –, gasto menos energia.

Quando reuniões em firmas se estendem por longo tempo sem que haja uma pausa razoável, geralmente não se chega a muita coisa. Porém, facilmente ocorrem agressões. Então necessita-se da mesma quantidade de tempo para eliminar essas agressões. Seria muito mais efetivo conferir às reuniões um ritmo saudável. Isso vale também para as longas sessões que os políticos têm de aguentar. Nesse caso também seria sensato intercalar pausas agradáveis e criativas. Desse modo poderiam aparecer ideias mais criativas do que em sessões de demonstração de força, nas quais cada um se aferra às suas velhas posições.

Para São Bento, é bem decisivo que o abade organize tudo da melhor maneira – inclusive os tempos. O êxito da vida no mosteiro depende de uma boa ordem do dia. Nós, os monges atuais, não temos mais exatamente a mesma ordem do dia que São Bento previu para o seu mosteiro há 1.500 anos. Mas para nós é importante refletir seguidamente sobre a nossa ordem do dia. Todavia, somos muito cautelosos em modificá-la a curto prazo, pois o que se comprovou na prática resulta em uma boa convivência.

O Dr. Vescovi, um médico de spa, vivenciou certa vez durante uma semana o nosso ritmo no mosteiro e constatou que o ritmo diário corresponde ao biorritmo do ser humano. Exatamente também a liturgia das horas, que ocorre cinco vezes ao dia e que ainda hoje rezamos, está em consonância com o biorritmo.

Mas uma boa ordem do dia também faz bem às pessoas que vivem no mundo. Quando o início do seu trabalho exige que levantem cedo, elas são obrigadas a ir cedo para a cama. Sua ordem do dia é marcada pelo trabalho. Quanto antes começarem a trabalhar, tanto antes poderão parar. E desfrutar o fim do expediente. Todavia, há pessoas que não sabem bem o que fazer com o tempo livre. Elas vêm cansadas para casa. No entanto, em vez de entregar-se conscientemente ao cansaço e permitir-se uns instantes de pausa, na qual se regenerariam, começam a dedicar-se a todo tipo de atividades. Muitas vezes pouca coisa resulta disso. Ou sentam-se passivamente diante da televisão. Ou "surfam" na internet. Isso tampouco produz satisfação. E, acima de tudo, não leva a um tempo agradável que possam desfrutar. Trata-se, antes, de um tempo que elas matam com quaisquer coisas.

Para que a vida seja bem-sucedida e eu a viva com satisfação interior, ela precisa de um bom ritmo. O ritmo me proporciona a sensação de lar e segurança. Tenho espaço para o essencial. Dedico-me inteiramente ao trabalho, mas também me alegro quando chega o fim do expediente, o tempo que tenho para mim. E reflito como usar esse tempo livre de tal maneira que ele me faça bem, que eu tenha a sensação de que vivo em vez de ser vivido.

A força dos rituais

Para que o meu tempo se torne um tempo agradável – *kairós* ou, como se diz em latim, *occasio* = ocasião propícia, tempo cômodo ou favorável – é preciso que haja rituais curativos. Os rituais criam um tempo sagrado e um lugar sagrado. Para os gregos, sagrado é aquilo que foi retirado do mundo, e só o sagrado é capaz de curar. Estamos constantemente expostos às expectativas de outras pessoas. A família tem expectativas em relação a nós, bem como a firma, a paróquia, o chefe, os clientes, a sociedade. Se sempre temos de nos limitar a preencher expectativas, temos a impressão de que somos vividos a partir de fora. Isso facilmente nos torna amargurados e duros. Precisamos, então, de rituais que nos concedam um tempo sagrado, um tempo que nos pertença, que não pode ser determinado por ninguém além de nós. Nesse tempo sagrado, podemos respirar aliviados. Se todo dia tivermos um tempo sagrado que nos pertença, que possamos desfrutar, no qual nos sintamos livres, também o restante do tempo será influenciado por ele. O tempo sagrado do ritual transforma nosso tempo *chrónos* em tempo *kairós*, em tempo agradável.

O tempo sagrado nos proporciona outra sensação também para o restante do tempo. Nesse caso, não apenas funcionaremos. Também no tempo de trabalho e das expectativas ainda teremos a sensação de que há algo sagrado dentro de nós, do qual os outros não podem dispor. Assim, sentiremos nossa liberdade interior em meio ao alvoroço do trabalho.

A palavra grega para sagrado é *hágios*. Na língua alemã, ela se converte no *Hag*, no *Gehege*, no recinto cercado e delimitado. Também a palavra alemã *"behaglich"*, "cômodo, confortável", é derivada daí. No tempo sagrado e no lugar sagrado, sinto-me confortável, neles me sinto cômodo, neles gosto de ficar, neles me sinto protegido e acolhido.

O tempo sagrado é sempre também um tempo presenteado. No entanto, muitos não sabem o que fazer com esse presente. Não conseguem desfrutar desse tempo presenteado. Eles o entopem com todo tipo de atividades. Sobrecarregam o tempo propriamente livre com empreendimentos em demasia. Pascal Bruckner fala da ascese de tempo livre: "Nessa busca, que nos consome, de toda e qualquer possibilidade de divertir-se, está contido algo como rigor e ascese". Ascese significa propriamente: abstinência e exercício. Na ascese, exercitamo-nos na liberdade em relação às nossas próprias necessidades. No entanto, a atual ascese de tempo livre é o oposto disso: esforçamo-nos – não para renunciar a algo, mas para desfrutar algo. Porque temos de desfrutar tudo, tudo exige esforço. E assim Bruckner fala de um novo tipo humano que produz essa ascese de tempo livre: "O indivíduo ocioso hiperativo que está sempre alerta, sempre pronto para atacar e tomar a torre de Babel da diversão"*.

Rituais conferem ritmo ao tempo. Emprestam-lhe uma boa estrutura. E essa estrutura exterior também põe nossa alma em ordem. Ela põe nossa vida em ordem. Um aspecto importante dos rituais é que eles fecham uma porta e abrem outra. Pessoas que se dedicam à multitarefa estão sempre online. Elas estão sempre em função. No entanto, isso não faz bem à sua alma. Sobretudo porque não estão realmente onde se encontram naquele momento, mas sempre em algum outro lugar. Isso pode ser observado com frequência principalmente à noite. Muitas pessoas chegam em casa do trabalho, mas sua cabeça ainda está lá. Assim, o corpo está em casa, mas a alma e o coração não estão. As crianças percebem na mesma hora se o pai e a mãe fecharam a porta do trabalho e abriram a porta da família ou se

---

* Bruckner, p. 63.

em pensamento ainda estão no trabalho. Elas então começam a se queixar e exigir a atenção integral do pai e da mãe. Contudo, quando o pai e a mãe fecharam a porta do trabalho, as crianças rapidamente ficam contentes. Elas notam que o pai e a mãe estão totalmente ali para elas. Quando isso acontece, elas não precisam constantemente da proximidade do pai e da mãe para terem a confirmação disso. Quem não fecha a porta do trabalho com um ritual encontra-se sempre exposto à corrente de ar. E a corrente de ar não faz bem nem à sua alma nem ao seu corpo. Quem está exposto à corrente de ar facilmente fica resfriado. Adoece mais facilmente. É preciso um ritual para fechar a porta. Somente então se pode abrir a porta para um novo recinto.

Pessoas que não conseguem desligar, que são incapazes de estar presentes no momento, são descuidadas e inquietas, pois estão sempre ocupadas com os problemas do trabalho, sempre em função. Elas não vivenciam nenhum tempo agradável, no qual tiram um tempo, no qual desfrutam o tempo que lhes foi presenteado. Isso leva ao estresse permanente. De um ponto de vista objetivo, essas pessoas não trabalham mais do que aquelas que trabalham depois do descanso. Elas apenas têm a sensação de trabalharem constantemente. E essa sensação, essa tensão permanente, as esgota. É verdade que muitas firmas exigem de seus colaboradores que estejam acessíveis o tempo todo. Nesse caso, eles não podem se dedicar com toda tranquilidade à sua vida em família ou a um passeio ou à leitura descontraída de um livro. Elas devem contar constantemente com uma chamada telefônica. Essa obrigação de estar disponível 24 horas por dia também é uma falta de medida, que contradiz a essência do ser humano.

Ainda há dois efeitos dos rituais que considero importantes. O primeiro: rituais criam um lar. Eles me dão a sensação de estar em casa. Trata-se da minha própria vida. Sou eu que a organizo. Os rituais repetidos me proporcionam aconchego.

Erhart Kästner descreveu da seguinte maneira essa capacidade dos rituais de proporcionar aconchego: "Ao lado do impulso de conquistar o mundo, há o impulso inato de cunhar o sempre igual a partir de formas antiquíssimas. Nos ritos, a alma se sente bem. Eles são suas moradas fixas. Neles se pode residir"[*]. Quem se sente em casa tem parte em fontes interiores. E, desse modo, essa pessoa não ficará tão facilmente esgotada ou sem gás. O lar é um espaço no qual gostamos de morar e nos recuperar interiormente. Buscamos no lar aquilo que necessitamos para o nosso corpo e a nossa alma. Aquele a quem os rituais presenteiam um lar pode relaxar interiormente e sentir-se apoiado. Não precisa lutar o tempo todo. Está livre da pressão de dar conta da sua vida. No lar, ele encontra descanso. E ali ele sente suas próprias energias dormitando em seu interior.

O outro efeito é este: os rituais nos tornam participantes das raízes. Quando uma família celebra, por exemplo, no Natal, os rituais que sempre celebrou nessa festa, isso não é nostalgia ou expressão de uma mentalidade conservadora. Os rituais possibilitam, muito antes, participar da energia vital e da energia da fé dos antepassados. Uma mulher da nobreza me contou a respeito dos seus filhos, todos ativos na indústria. Todos eles são pessoas modernas à altura dos desafios atuais. No entanto, no Natal, eles têm a necessidade de celebrar os antigos rituais da família, do mesmo modo que também seus antepassados celebraram esses rituais e com eles deram conta de sua vida, inclusive em tempos difíceis. Os jovens homens sentem que, nas turbulências de sua vida, necessitam tomar contato com suas raízes. Quando entram em contato com suas raízes, voltam a sentir-se fortalecidos para enfrentar os desafios da vida. A ausência de raízes – diz a psicologia – é uma das muitas causas

---

[*] Kästner, p. 53.

de depressões. A árvore que não possui raízes seca assim que deixa de chover. Contudo, quando entramos em contato com nossas raízes nos rituais, nossa árvore sobreviverá também aos temporais e períodos de seca.

Ater-se a uma coisa só

Os rituais querem nos capacitar a permanecer totalmente no instante. A porta do que acabou de passar é fechada, para que a porta do presente possa abrir-se. Quando estamos totalmente no instante, vivenciamos o tempo como *kairós*, como tempo agradável. Nada é mais importante do que esse instante que agora vivemos. Nesse caso, não nos sentimos pressionados. Simplesmente estamos presentes por inteiro. Dissolvemo-nos naquilo que estamos fazendo neste momento.

Perguntaram certa vez a um famoso mestre zen o que o caminho espiritual tem de especial. Ele respondeu: "Quando estou sentado, estou sentado, quando estou em pé, estou em pé, quando caminho, estou caminhando". Então a pessoa que fez a pergunta disse: "Isso eu também faço. Isso nada tem de especial". No entanto, o mestre respondeu: "Não, quando estás sentado, já estás em pé, quando estás em pé, já estás caminhando. E quando caminhas, já estás pensando em outras coisas, no teu trabalho ou na comida". A falta de medida de querer tudo de uma só vez ou de querer enfiar o máximo de coisas possíveis em nosso tempo limitado leva a que não estejamos no instante, que estejamos sempre distraídos. Mas isso desvaloriza a nossa vida. O instante atual não vale nada porque sempre já está sendo sobreposto por um instante posterior. Não conseguimos desfrutá-lo porque nem nos envolvemos com ele. Desse modo, impedimo-nos de vivenciar o puro ser do instante e, em última análise, de vivenciar a verdadeira vida. Pois viver significa: estar presente, dissolver-se na vida.

Naturalmente faz sentido planejar o dia e não simplesmente vivê-lo assim como ele vai surgindo. Quem faz isso não vive realmente. Viver conscientemente quer dizer: refletir no que me aguarda hoje e envolver-me com cada instante de maneira nova. Pela manhã, às vezes tenho a sensação de ter assumido compromissos demais para o dia. Mas então penso: um de cada vez. Tento estar totalmente no instante. Não preciso, além de fazer tudo isso, ainda dar conta de toda a correspondência. Faço aquilo que precisa ser feito agora. Nesse caso, muitas vezes experimento que os compromissos não duraram tanto tempo quanto eu havia planejado. Pelo fato de eu estar totalmente presente, conseguimos resolver mais rapidamente o problema. E de repente surgem períodos tranquilos entre os compromissos, posso desfrutar o dia com toda calma e ao anoitecer tenho a sensação de ter dado conta de tudo que havia para fazer. Porém, não foi um dia agitado. Apesar de tudo, permaneci calmo, centrado em mim mesmo.

Encontrar meu próprio centro

A maneira cuidadosa de tratar o tempo e a capacidade de viver o instante dependem de eu estar no meu próprio centro. Muitas pessoas perderam seu centro. Elas se deixam determinar demasiadamente a partir de fora e, por isso, nunca ficam tranquilas. Quem perdeu seu centro não consegue se envolver com o instante. Os primeiros monges descreveram essa perda do centro como *akedía* [acédia]. *Akedía* é a incapacidade de estar no instante. Evágrio descreve essa incapacidade em um tom bastante bem-humorado. Está ali um monge em sua cela lendo a Bíblia. Ele reclama que não há luz suficiente. Além disso, ele está cansado. Ele se deita e usa a Bíblia como travesseiro. Mas o sono não vem. O travesseiro é muito duro. Então ele se levanta novamente e verifica se algum coirmão não vem visitá-lo. Ele reclama dos coirmãos desapiedados que o esqueceram. Em seguida, ele volta para a cela. Incomoda-se com o fato de a cela estar úmida. Agora suas meias lhe estão provocando comichão. E as roupas não lhe agradam mais. Ele não consegue suportar nem a si mesmo.

Para os monges a *akedía* é o típico demônio do meio-dia. O demônio do meio-dia visita o monge justo na hora do meio--dia. O monge se encontra sonolento e não tem vontade de fazer nada. O demônio do meio-dia vem a nós hoje na típica crise da meia-idade, justamente no momento em que julgamos ter dado conta da nossa vida, ter nos instalado adequadamente, ter nos reconhecido em nossa vida. Quem é atormentado pelo demônio da *akedía* seria capaz de sair de si mesmo. Ele não se sente bem consigo mesmo. Ele sempre gostaria de estar em outro lugar, só não onde ele está agora. E a culpa é sempre dos outros. Os outros não o entendem. Tudo o incomoda. O clima tanto quanto as pessoas. Ou há muitas em torno dele ou elas estão ausentes, de modo que não pode se divertir com elas. Trata-se, em última análise, de uma incapacidade de viver. Os monges falam do perigo representado por esse demônio. Ele nos despedaça, priva-nos de nosso centro. As pessoas que sofrem de *akedía* estão interiormente cindidas. Elas não têm centro. Elas nunca estão consigo mesmas nem presentes naquele justo momento. Quando trabalham, gemem por causa do esforço. Tudo é demais para elas. Quando rezam, estão distraídas; elas não sabem direito o que fazer na oração. E quando não estão fazendo nada, ficam entediadas. Durante o trabalho, essas pessoas anseiam pelo fim de semana livre. Mas quando vem o fim de semana livre, não sabem o que fazer com ele. Elas saem de férias, mas não conseguem desfrutar as férias como deveriam. No fundo, elas não conseguem desfrutar nada, nem mesmo o momento de não fazer nada.

Uma mulher me contou que o seu marido sofre de *akedía*. Ele está sentado na cozinha lendo o jornal. Ele xinga o jornal e os jornalistas que escrevem tal absurdo. Então ele sai para pegar um pouco de ar fresco. Mas, pouco tempo depois, ele volta para dentro. O clima não lhe agrada. Aí ele vem ver o que a esposa está cozinhando hoje. Ele começa a reclamar, perguntando por que ela está cozinhando justamente aquilo, pois hoje ele estaria com vontade de comer algo bem diferente. O homem insatisfeito e dividido em si mesmo é insuportável. Mesmo que a esposa cozinhasse seu prato predileto, ele não ficaria contente. Ele sempre procura algo diferente, porque não aguenta estar consigo mesmo. Ele espera que coisas exteriores o deixem satisfeito. Mas, por não ter centro, não aceita nada. Pode se entupir de dinheiro. É um poço sem fundo. Pode se entupir de televisão e, não obstante, sempre estará insatisfeito e ficará resmungando. Pois não consegue desfrutar nada daquilo com que se entope. Tudo tem o único propósito de encobrir seu vazio interior. Ademais ele se queixa de que uma torrente de coisas se derrama sobre ele. Ele preferiria sair de si mesmo.

A *akedía* que os monges descreveram há mais de 1.500 anos está muito disseminada hoje. No aconselhamento, reiteradamente encontro pessoas que não estão contentes com nada. Elas gostariam de trabalhar menos porque tudo é demais para elas. Mas então ficam com medo de cair em um buraco se não tiverem nada para fazer. Quem não tem centro se torna desmedido em tudo, em suas necessidades, em suas atividades, em seu consumo.

O que os monges descreveram com o termo "*akedía*" reencontramos hoje em uma doença cada vez mais disseminada. Os psicólogos a denominam "*borderline*" [transtorno de personalidade limítrofe = TPL]. O transtorno *borderline* não é idêntico à *akedía*. Mas muitas propriedades da personalidade *borderline* combinam exatamente com sua descrição. A personalidade *borderline* se caracteriza por não ter um centro. Por essa razão, seu estado de ânimo passa por fortes oscilações. Em dado momento, ela endeusa o amigo, no momento seguinte ela o manda para o inferno com sua crítica desmedida. Por não ter identidade, ela sente um vazio crônico. A falta de um centro, muitas vezes leva a que as pessoas comam ou bebam desmedidamente e andem inveteradamente de automóvel. Elas giram em torno de si mesmas e seguidamente se prejudicam com seu comportamento desmedido. Nunca se sabe com quem estamos lidando no caso de uma personalidade *borderline**.

Como terapia para a *akedía*, os monges receitaram permanecer na própria cela e manter uma boa ordem. Quem não tem centro dificilmente consegue se suportar. Tanto mais importante é permanecer consigo mesmo. São Bento chama esse permanecer consigo mesmo de *stabilitas*. A *stabilitas*, o permanecer na própria cela (ou, mais tarde, no mosteiro), leva o monge gradativamente a uma estabilidade interior. Renunciando às possibilidades de fuga, ele aprende com o passar do tempo a conhecer a si próprio e sentir sua própria identidade. A outra medida é a ordem do dia, e também a ordem no trabalho e nas relações. Aos poucos, a ordem exterior vai colocando em ordem também a vida interior do monge caótico. Não sei dizer se essa terapia dos primeiros monges também poderia ser útil para as personalidades *borderline*. Mas certamente valeria a pena aprender com as experiências dos primeiros monges. A psicologia confirma: as personalidades *borderline* sentem-se bem em um entorno estruturado. Nele, elas conseguem trabalhar bem e produzir muito. Para as personalidades *borderline*, porém, além da ordem exterior e do permanecer consigo mesmas, seria importante que tivessem uma relação confiável.

---

* Kreisman & Straus, p. 25ss.

É preciso haver pessoas que suportem estar junto delas e suportem a situação com elas, para que consigam suportar a si mesmas. E é preciso haver pessoas que não se deixem expulsar do seu próprio centro.

Discretio: um conceito central com muitas facetas

São Bento gosta muito do conceito *discretio*. *Discretio* provém do termo latino *"discernere"*, que pode significar separar, diferenciar, decidir. Originalmente, portanto, a *discretio* é o dom da diferenciação, do discernimento. Mas, na tradição beneditina, ela sempre é vista também como o senso para a justa medida. Não encontro a justa medida só por meio de argumentos racionais. Necessito de um senso para aquilo que é adequado. Isso vale para mim pessoalmente. Sinto o que é correto para mim, onde devo renunciar e onde devo desfrutar. Mas a *discretio* também é o senso para a medida do outro. Sinto o que o outro precisa e o que faz bem para ele. Cassiano, um importante monge escritor do início do século V, ao qual São Bento seguidamente se reporta, associa a *discretio* com inteligência e comedimento. Portanto, necessito inteligência para reconhecer a minha própria medida e a medida do outro. A *discretio* é "a capacidade de discernimento na hora de tomar uma medida e de estipular medidas, a consideração pelo ser humano e por sua índole, o ato de tomar medidas com ponderação"*.

Os monges já diziam: "Todo excesso vem dos demônios". Há pessoas que exageram na ascese. Nesse caso, elas se tornam duras consigo mesmas e com as demais. Elas não são mais capazes de desfrutar a vida. É preciso que haja sempre os dois polos: renunciar e desfrutar. Quem vive só um dos polos tor-

---

* Lambert, p. 238s.

na-se desmedido em sua ascese ou desmedido em seu consumo. A justa medida vale também para a estimativa de nós mesmos. Não devemos nem depreciar-nos nem inflar-nos com imagens demasiadamente grandes. C.G. Jung aponta para o perigo de inflar-se: identificamo-nos com imagens arquetípicas, como, por exemplo, com a imagem do asceta, do profeta, do reformador, do auxiliador ou do curador. Tais imagens parecem ser boas para nós. Imagens arquetípicas têm uma função curativa. Quando representamos imagens como, por exemplo, a do auxiliador ou do curador, quando deixamos que essas imagens penetrem em nosso coração, elas despertam em nós a faculdade de auxiliar ou de curar, que muitas vezes dormita oculta na nossa alma. Imagens arquetípicas querem nos colocar em contato com as fontes que estão à disposição no fundo da nossa alma. Elas querem nos centrar. Porém, quando nos identificamos com imagens arquetípicas, fazemo-nos maiores do que na realidade somos. E isso com frequência leva à perda do senso de realidade. Ficamos cegos para nossas próprias necessidades, que extravasamos sob o manto da grande imagem.

Seguidamente recebo cartas de autodenominados profetas. Eles acreditam saber exatamente do que padece o mundo atual. Mas eles proclamam isso de um modo tão absoluto e tão agressivo que me intimidam. Tenho a impressão de não poder contestar tais profetas. Eles entram em cena com uma pretensão tão absoluta que nem percebem o quanto estão se elevando acima da sua medida. Eles se tornam desmedidos em suas exigências e em sua pretensão de sempre estarem com a razão. Quem perdeu o golpe de vista para sua própria medida, também se tornará desmedido em seu comportamento em relação a outras pessoas. Essa perdeu o senso para a medida dos outros. Ela só gira mais em torno de suas próprias necessidades.

Os primeiros monges apreciavam o dom da *discretio*, o dom do discernimento dos espíritos. *Abba* Antônio, o primeiro monge e pai de todos os monges, disse certa vez: "Há aqueles que ralaram seu corpo com exercícios penitenciais. Mas, por não terem o dom do discernimento, afastaram-se bastante de Deus" (*Antonios* 8). Sem *discretio* – pensa Antônio – não chegaremos a Deus. Podemos ser desmedidos também em nossa vida espiritual. Nossa intenção é boa. Queremos agradar a Deus com nossos exercícios penitenciais. Mas não somos capazes de diferenciar, onde os exercícios de penitência visam à nossa própria ambição e onde estão em função da nossa purificação e da abertura para o espírito de Deus. Muitas vezes nossas realizações se interpõem entre nós e Deus. Pensamos servir a Deus com nosso jejum e nossa ascese. Na realidade, estamos servindo a nós mesmos; fazemos tudo para inflar nosso próprio ego.

O dom da *discretio* é atribuído pelos monges antigos sobretudo a uma mulher: *Amma* Sinclética, falecida em torno do ano de 400 no deserto do Egito. Era uma monja que reuniu numerosas mulheres em torno de si. Sinclética as instruiu na ascese e, ao fazer isso, preocupava-se com a justa medida.

> Ela tornou a dizer: "Existe uma ascese exagerada que vem do inimigo. Pois também seus alunos a praticam. Ora, como diferenciamos a ascese divina, a ascese real, da ascese tirânica, demoníaca? Evidentemente por meio da medida. Em todo o teu tempo deves ter uma norma para o jejuar. Não jejues quatro ou cinco dias e não interrompas o jejum no restante do tempo com abundância de alimentos. Pois em toda parte a falta de medida é destrutiva. Jejua enquanto fores jovem e saudável. Virá a velhice com sua debilidade. Enquanto puderes acumula para ti um tesouro de alimento (espiritual), para que tenhas tranquilidade quando não puderes mais" (*Sinclética* 15).

A falta de medida é perigosa e danosa não só quanto ao consumo, mas também quanto à ascese. Necessita-se a *discretio* para diferenciar quando uma ascese faz bem ao ser humano e quando não. Também existe uma ascese que provém do inimigo. É a ascese que serve ao próprio ego. Gostaríamos de realizar algo diante de Deus, em vez de abrir-nos para Deus e deixar que sua graça flua para dentro de nós. A ascese – o treinamento psíquico e físico na liberdade interior – é reservada sobretudo para a juventude. Enquanto tivermos força, devemos empregá-la. Mas também nesse caso é preciso que haja a justa medida. Há suficientes exemplos de esportistas que se arruinaram pelo treinamento excessivo. Mas especialmente na velhice – conforme a convicção de Sinclética – deveríamos ter um senso para ver se a ascese realmente é indicada ou se o que importa é uma postura interior diante de Deus. A ascese é sempre só um auxílio para chegar à liberdade interior. Mas na velhice não há mais necessidade de medir-se com outros na prática da ascese. Trata-se, então, da serenidade interior.

Os pensamentos da *Amma* Sinclética a respeito da ascese comedida parecem estar muito distantes da realidade das pessoas atuais. E, no entanto, eles são sumamente atuais. Conheço pessoas jovens que se entusiasmam com imagens desmedidas e então se sobrecarregam desmedidamente. Um homem jovem me contou que queria estudar Física de qualquer maneira. Na escola, porém, foi justamente nessa matéria que ele era muito fraco. Ele havia posto na cabeça que conseguiria realizar essa faculdade, bastando querer e incutir essa vontade profundamente em seu inconsciente. No entanto, a falta de *discretio* levou-o a adoecer psiquicamente durante o estudo. Uma psicose mostrou que ele havia ultrapassado sua própria medida.

Mas deparo-me com essa falta de medida também entre pessoas idosas. Um homem, que já estava aposentado, sonhava em fundar um lar no qual pessoas com doenças psíquicas poderiam recuperar a saúde. A intenção era muito boa. No entanto, faltavam ao homem tanto os meios financeiros quanto os meios psíquicos. O que entre os monges se expressava na ascese desmedida, evidencia-se hoje, no caso de muitas pessoas, em representações desmedidas das suas próprias capacidades e, em seguida, em uma luta obstinada para realizar suas próprias ideias, embora a realidade exterior e também a interior deixem claro que essa luta é em vão e só poderá levar à catástrofe.

Discretio ao lidar com pessoas

Sem *discretio* exigimos demais também de outras pessoas. Emborcamos sobre elas as imagens que temos delas. Queremos que elas façam jus a essas imagens. Temos expectativas em relação a elas e exigimos que elas as cumpram. Porém, quase não nos colocamos no lugar delas para reconhecer se estão mesmo em condições de cumprir nossas expectativas. Para São Bento a *discretio* é importante sobretudo na liderança de pessoas. Assim ele exorta o abade:

> Temperando as ocasiões umas com as outras, os carinhos com os rigores, mostre a severidade de um mestre e o pio afeto de um pai, quer dizer: aos indisciplinados e inquietos deve repreender mais duramente, mas aos obedientes, mansos e pacientes, deve exortar a que progridam ainda mais, e quanto aos negligentes e desdenhosos, advertimos que os repreenda e castigue (RB 2,24-25).

Discretio significa para o abade que ele admita os dois polos da existência humana: a bondade e o rigor. E que ele tenha um senso para o que deve ser feito neste justo instante. O abade carrega dentro de si diversas imagens. Dependendo da situação, deve ser concretizada a imagem adequada. Ele é o mestre que mostra o caminho. Ele é o pai que dá apoio aos monges e mostra confiança neles para que cresçam interiormente. Mas ele também é o professor que repreende e ao mesmo tempo encoraja. E ele inclusive é alguém que precisa punir quando isso é adequado.

Mas *discretio* é mais ainda, a saber, a arte de adequar-se ao indivíduo e reconhecer o que ele precisa. São Bento exorta o abade:

> E saiba que coisa difícil e árdua recebeu: reger as almas e servir aos temperamentos de muitos; a este com carinho, àquele, porém, com repreensões, a outro com persuasões segundo a maneira de ser ou a inteligência de cada um, de tal modo se conforme e se adapte a todos, que não somente não venha a sofrer perdas no rebanho que lhe foi confiado, mas também se alegre com o aumento da boa grei (RB 2,31-32).

Sem *discretio* não existe boa liderança. *Discretio* é a postura da atenção e do cuidado interiores. Presto muita atenção naquilo que faz bem ao ser humano individual, ao que ele precisa para que possa aprovar sem murmuração sua vida e suas condições de trabalho. Para exercer boa liderança, o abade também precisa ser justo. No entanto, justiça sem *discretio* facilmente descamba para o nivelamento de todos. *Discretio* é a arte de fazer jus a cada qual. E, quando faço jus a cada qual, todos se sentem tratados de maneira justa. Eles, então, não se comparam com os outros. Eles aprovam sua vida porque a liderança percebe o seu jeito peculiar de ser.

Separar o relevante do irrelevante

Em conversas, as pessoas muitas vezes se queixam de ter coisas demais para fazer. Quando quero saber o que são todas essas coisas, percebo o seguinte: elas não têm o dom de discernir o que é realmente importante. Elas estão sempre ocupadas, mas muitas vezes com coisas banais. Nesse caso, a *discretio* seria útil como a virtude de separar o relevante do irrelevante. Importante é aquilo que tem peso, que vale algo. A pergunta é onde colocamos o peso. O que é importante para nós? Que coisas realmente pesam na balança?

Muitas pessoas perderam o senso para separar o relevante do irrelevante. Elas simplesmente vivem a esmo e fazem o que se apresenta para fazer a cada momento. E pensam que tudo teria a mesma importância. Mas na realidade tudo é igualmente sem importância. Elas não avaliam, simplesmente deixam-se determinar pelas coisas que são esperadas delas. No entanto, quando vivemos assim desorientados, sempre teremos a sensação de que se exige demais de nós. Tantas coisas se lançam sobre nós diariamente. Se assumirmos tudo sem diferenciação, seremos esmagados. Então, tudo fica pesado demais para nós sem ser importante.

Separar o relevante do irrelevante também seria uma tarefa das lideranças. Muitas vezes infiltrou-se em uma firma um jeito bem-determinado de trabalhar. Ninguém mais pergunta se ele é realmente significativo. Impensadamente tudo acontece no trote habitual. No entanto, *discretio* sempre tem a ver também com pensar. Em muitas firmas, vivencio que cada vez menos colaboradores são forçados a assumir cada vez mais tarefas. Isso é sinal de falta de fantasia e denota a ausência de *discretio*. A *discretio* exige que as lideranças se reúnam e analisem todos os trabalhos. Todos são de fato importantes? O que não passa de desperdício de tempo? Isso precisa ser ponderado com calma.

Foco no essencial

Há pessoas jovens que têm 1.000 amigos no Facebook. No entanto, não há como se comunicar com 1.000 amigos, nem mesmo virtualmente. Nesse caso, a quantidade substitui a qualidade da relação. A verdadeira relação se perde. O conceito "amigo" não se aplica realmente a todos os amigos do Facebook. Pois com um amigo quero gastar tempo. Quero sentir sua proximidade, conversar com ele. A conversa virtual não é verdadeira conversa. Pois [na língua alemã] conversa [*Gespräch*] vem de falar [*sprechen*]. E *sprechen* vem de "*bersten*", "arrebentar, irromper". Ao falar manifesto minhas emoções com minha voz. Mostro meu coração. Nas palavras escritas, o outro mal pode sentir meu coração. Isso só se consegue na conversa real e no encontro com o outro.

Para descobrir o essencial, necessito da *discretio*, do dom de discernir o que realmente preciso daquilo que tranquilamente posso dispensar. Muitos perdem essa capacidade de discernimento. Deixam fluir para dentro de si tudo o que vem de fora. Porém, eu não preciso saber tudo. Não preciso acessar todas as informações armazenadas na internet. De tantas informações, soterro meu espírito e perco a capacidade de pensar autonomamente e de desenvolver ideias próprias.

No entanto, preciso do dom da *discretio* não só em vista das informações, mas também em vista do essencial da minha existência humana. Muitos não pensam em coisas como: em que consiste sua essência, quem são como seres humanos e que marca gostariam de deixar neste mundo. O poeta silesiano Ângelo Silésio exorta essas pessoas:

> Ser humano, torna-te essencial! Pois quando o mundo desaparece,
> deixa de existir o acaso, a essência é o que permanece.

Tornar-se essencial significa entrar em harmonia com sua essência interior. Quer dizer passar do superficial e chegar ao fundo de si mesmo, ir da aparência externa ao verdadeiro ser. Muitas pessoas se perdem em sua falta de medida, porque refletem muito pouco sobre sua essência. Quando identifico o que quero ser e como quero viver como ser humano, posso me concentrar no essencial. Então não esbanjarei a esmo nem desmedidamente meus recursos. A essência corresponde ao verdadeiro eu do ser humano. Quem entra em contato com o seu eu, com a imagem singular que Deus fez dele, vive em harmonia consigo mesmo. Ele não precisa correr de um lado para o outro. Ele descansa no seu centro, em sua essência. A essência permanece.

O que é o essencial? A palavra alemã para essência, *"Wesen"*, provém do alto-alemão médio *"wesen"*, que significa "ser, deter-se, durar, acontecer". A essência é o ser propriamente dito, aquilo que verdadeiramente é, aquilo que é importante, o que permanece, o que tem duração. O Mestre Eckhart gosta muito desse conceito da essência. Ele se refere "exatamente àquilo que permanece em algo e não pode mudar, que pertence a ele inseparavelmente e faz com que esse algo seja 'o que ele é'"*. A essência é aquilo que propriamente perfaz nossa vida, é o ponto que realmente importa na nossa vida. Poderíamos compará-la também com o sentido original da nossa vida. Em todo caso, a essência concentra nossa vida em seu núcleo bem próprio.

Nossa tarefa consiste hoje em separar o essencial do não essencial. Muitos simplesmente vivem ao acaso. Não sabem o que de fato querem. Por isso, concentrar-se no essencial significa perguntar-se: O que quero fazer da minha vida? Qual é a meta da minha vida? Quando levanto essas perguntas, muitas coisas sem importância são descartadas. Tornam-se irrelevantes.

Muitas pessoas experimentam isso depois de passarem pelo luto. Percebem como muitas vezes as conversas ou ocupações são vazias, como muitas vezes se preocuparam com nulidades.

---

* Hedwig, p. 1.112s.

A morte de uma pessoa querida relativiza as coisas e nos remete ao essencial. Uma mulher que tomou um caminho espiritual contou-me que suas amigas a censuram por ter se tornado tão diferente. Já não se conseguiria nem mesmo conversar com ela. No entanto, ela simplesmente não tem mais vontade de falar o tempo todo sobre os últimos programas da televisão ou sobre a moda mais recente. As outras a censuram por seu ser diferente porque não querem ser perturbadas nem questionadas em sua superficialidade.

Pascal Bruckner cita Agostinho, que certa vez disse que a vida é "uma batalha entre o essencial e uma tempestade de ideias frívolas". Bruckner interpreta essa sentença para nós hoje de uma maneira nova: "Abatemos o essencial em nome do insignificante e damos muita importância ao insignificante"*.

Nos meios de comunicação, atribui-se muito valor ao que não vale nada. Constantemente há programas de entretenimento que, quanto ao conteúdo, são totalmente banais. Programas de entrevista ao vivo em que se dá importância ao que é insignificante. Não se trata ali do essencial, mas de ficar falando o máximo de tempo possível. Muitas pessoas não suportam mais todo esse alarde em torno do insignificante. Elas anseiam que também na televisão voltem a ser tratados temas essenciais, temas que digam respeito à essência, que mostrem como a vida atualmente pode ser bem-sucedida.

Cuidado e atenção

A vida espiritual se expressa em cuidado e atenção – é o que nos dizem hoje muitos autores espirituais, independentemente da religião ou da cultura. Sou cuidadoso em cada ins-

---

* Bruckner, p. 64.

tante. Tomo conhecimento do tempo. Presto atenção naquilo que estou tocando e pegando na mão. Com cuidado pego minha chave na mão, giro cuidadosamente o trinco da porta. Executo cada ato com cuidado. Escovo os dentes com cuidado, estou totalmente imerso naquilo que faço neste instante. Estou debaixo do chuveiro por inteiro, percebendo atentamente o que se passa ali, para que não só meu corpo, mas também minha alma sejam purificados, para que tudo que me sobrecarrega escorra pelo ralo, para que eu saia do chuveiro como um recém-nascido. O cuidado sempre tem a ver também com ascese. Não posso fazer mil coisas paralelamente. Concentro-me naquela coisa que estou fazendo neste momento. Porém, faço essa coisa com toda intensidade. O cuidado intensifica a vida. A vida simples se torna um vivenciar consciente de tudo o que neste instante estou fazendo, tocando, cheirando, degustando, comendo, bebendo, percebendo.

Quem vive com cuidado vive em relação consigo mesmo, com a criação, com Deus e com os seres humanos. A enfermidade propriamente dita da nossa época é a ausência de relação. Por terem perdido a relação consigo mesmas e com a criação, as pessoas patinam de uma relação para a outra somente para poderem se sentir. Porém, se necessitamos da relação com uma pessoa para entrar em relação conosco mesmos, usamos essa pessoa, nós a exploramos e a sobrecarregamos com nossa ausência de relação. E por não estarem mais em relação com as coisas, muitos agem brutalmente com elas. Eles apenas as usam para seus próprios fins, destruindo-as. Observamos atualmente essa falta de relação em muitas pessoas jovens. Os professores nas escolas sabem bem com que falta de cuidado os alunos tratam a mobília das salas de aula. Isso não é expressão de sua maldade, mas da ausência de relação.

A ausência de relação leva ademais a outro fenômeno muito difundido hoje em dia: a inquietação. Por não estarmos em relação conosco mesmos, por não vivermos no instante, necessitamos de estímulos cada vez mais fortes para sentir-nos. A viagem de férias precisa então ser para o lugar mais remoto possível, a modalidade esportiva precisa ser a mais radical possível para que se possa experimentar vida. Quem está em contato consigo mesmo sente intensamente a vida em um simples passeio no mato. Está em relação com a natureza, cheira o odor específico da madeira, da terra do mato, das flores. Escuta o trinado dos pássaros e o zumbido dos insetos. Respira a vida e tem nisso tudo o que anseia. Vive em relação com as árvores, conversa com elas e sente sua irradiação. Sente-se como parte da criação, acolhido, apoiado, valioso, vivo.

A arte da vida espiritual consiste em tomar o caminho do cuidado para desenvolver uma percepção de Deus. Ser cuidadoso significa: prestar atenção no que existe. A palavra alemã *"acht"* significa, a partir de sua raiz indo-germânica *"ok"*: "refletir, ponderar". Tomo consciência do que existe. Não vivo a esmo, mas reflito sobre o que faço, sobre o que ocorre comigo. Ser cuidadoso significa também: despertar, ver a realidade como ela é.

Vida espiritual significa despertar do sono. O jesuíta indiano De Mello diz que muitas pessoas estão dormindo. Com isso ele quer dizer que elas têm muitas ilusões a respeito de si mesmas e sua vida, acreditando que ela consiste só de trabalho, de relações, de sucesso e insucesso, de bem-estar, de existência assegurada. Para De Mello a mística não é fuga da realidade, mas um despertar para a realidade. A realidade propriamente dita é Deus. Em consequência, o ser humano só vive em conformidade com sua essência quando desperta para Deus, quando leva a sério a realidade de Deus e sua própria realidade e a contempla de olhos abertos.

O cuidado sempre é expresso por São Bento com a palavra *"custodire"*. *Custodire* significa: dar atenção, vigiar, perceber conscientemente. No capítulo 4 da Regra, São Bento conclama os monges a vigiar o que fazem e o que deixam de fazer (RB 4,48). Eles devem ter cuidado com seu agir e não podem simplesmente se deixar levar. O monge deve ter o mesmo cuidado com a sua língua: "Guardar sua língua de palavra má ou indecente" (RB 4,51). O silêncio é um exercício de vigilância. Por isso, São Bento começa assim o capítulo sobre o silêncio: "Façamos o que diz o profeta: 'Eu disse, guardarei (*custodire*) os meus caminhos para que não peque pela língua: pus uma guarda (*custodiam*) à minha boca'" (RB 6,1).

A imagem do vigia era apreciada pelo monaquismo. Evágrio usa a imagem do porteiro que examina cada pensamento que quer ingressar na casa do espírito e lhe pergunta se pertence ao senhor da casa ou é um intruso que pretende se infiltrar ilegitimamente. O porteiro impede a entrada de todo pensamento inadequado para que realmente permaneçamos senhores da nossa casa, para que nós mesmos possamos habitá-la e para que Deus queira morar em nossa casa. *Custodire* não significa controlar, mas ser vigilante, viver com cuidado e atenção, ter ciência do Deus presente, saber do mistério de Deus que resplandece diante de nós em tudo. O monge não deve controlar a força seus pensamentos e sentimentos. Pois, se fizer isso, eles com toda certeza fugirão ao seu controle. Mas ele deve vigiar diante da casa do seu coração e prestar muita atenção nos pensamentos que estão solicitando ingresso, para ver se lhe fazem bem ou não. E ele deve atentar para a energia que seus pensamentos e sentimentos querem suscitar nele, atentar para o que nele pretende ganhar vida.

O caminho do cuidado nos leva a uma postura da liberdade interior. No aconselhamento, seguidamente observo pessoas que mal entendem a vida espiritual sobretudo como realização. Elas pensam que devem realizar algo diante de Deus e fazer o maior número possível de exercícios piedosos, rezar muito e, desse modo, superar pouco a pouco seus erros. Uma vida espiritual entendida nesses termos é muito extenuante. E muitos logo se sentem sobrecarregados. A espiritualidade como cuidado não quer nos sobrecarregar; ela quer nos ensinar, muito antes, a arte de viver intensamente, convidar-nos para o "prazer de viver". Quem vive totalmente no instante, pode degustá-lo, desfrutá-lo; para essa pessoa, a experiência de Deus se torna simultaneamente a experiência da vida plena, da vida em abundância. Quem, ao contrário, entende sua vida espiritual sobretudo como realização a ser apresentada diante de Deus e diante de si e de sua consciência pesada, verá que sua piedade bastantes vezes será um impedimento para a vida. Ele não vive realmente, mas se refugia em seu fazer religioso como se fosse uma substituição da vida. Desse modo ele não terá gosto por Deus nem por si nem pela vida. Para São Bento trata-se de aprender o prazer de viver na escola do Senhor. O próprio Cristo nos conclama: "Quem tem prazer de viver?" E São Bento diz dessa voz de Cristo que nos convida a viver: "Que há de mais doce para nós, caríssimos irmãos, do que esta voz do Senhor a convidar-nos? Eis que pela sua piedade nos mostra o Senhor o caminho da vida" (RB Prólogo, 19s.)

No entanto, o cuidado não é o caminho apenas para o monge. Faria bem a nós todos hoje viver com cuidado e não passar descuidadamente pela realidade, não descartar descuidadamente o lixo, não ignorar descuidadamente as pessoas que encontramos. Quando pretendo descrever o cuidado para o ser humano de hoje, julgo importante a conexão entre cuidado e liberdade.

Cuidado e liberdade fazem parte um do outro. Quem vive com cuidado, quem está desperto, também é livre, não se deixa determinar pelos outros. E o cuidado inclui também o ser uno. Quando sou cuidadoso no que faço, também sou uno comigo mesmo. Liberdade e unidade são as duas metas mais importantes de uma vida cuidadosa. Elas são também os dois anseios mais profundos do ser humano, aos quais São Bento quer dar uma resposta com sua Regra. O monge deve despertar do sono da falta de liberdade para viver desperto e com cuidado. E ele deve retornar da dispersão e do estranhamento para Deus, junto ao qual ele verdadeiramente pode sentir-se em casa, junto ao qual ele pode se tornar inteiramente quem ele é a partir de Deus. Ele deve se tornar uno consigo mesmo, com sua verdadeira essência, e simultaneamente também tornar-se uno com Deus, com o ser humano e com a criação. A atenção e o cuidado descrevem a arte de estar presente no instante, de tornar-nos unos com o que estamos fazendo, com o que estamos tocando, com o que estamos lidando nesse instante.

Esse anseio por ser uno era característico sobretudo dos gregos, que vivenciavam a penúria do ser humano na cisão, no ser arrastado de um lado para outro entre as diversas necessidades e emoções. O ser humano tem dentro de si muitos desejos e pensamentos que muitas vezes estão ali lado a lado sem relação nenhuma entre si. Ele não consegue vinculá-los. Assim ele se sente dividido, fracionado, cindido. Essa experiência não é exclusiva dos gregos, mas é também a experiência do ser humano atual. Na sua divisão, ele divide também o mundo ao seu redor. A cura da divisão do ser humano individual cura também sua relação com o mundo.

O caminho para sair da divisão é o do cuidado. Ele consiste em estar inteiramente presente no momento, estar inteiro no gesto, inteiro na respiração, inteiro nos sentidos. Quando estou inteiramente no meu corpo e caminho assim pela natureza, sinto-me uno com todas as coisas, com a criação e, nela, com Deus e com todos os seres humanos que são parte dessa criação maravilhosa e misteriosa. No cuidado, trata-se de interligar tudo o que há de conflitante em mim e ao meu redor. O cuidado é o caminho que me permite experimentar a unidade de passado, presente e futuro, de Deus e ser humano e de ser humano e criação. O cuidado é a arte da pura presença. Quando estou inteiramente presente, inteiramente no instante, estou em unidade com tudo. Então, a maneira cuidadosa de tratar a criação se torna expressão da minha experiência, da experiência de estar totalmente presente.

A humildade como forma de coragem

A justa medida exige que tenhamos uma boa relação conosco mesmos e com as coisas deste mundo. Somente quem está em relação com as coisas conseguirá lidar bem com elas. No nível puramente racional não se pode exigir a boa maneira de tratar as coisas. Nesse caso, o modo como nos comportamos dependeria demais de nossa vontade. Mas uma atitude interior é necessária para mudar o comportamento exterior. E essa atitude interior é a humildade. Hoje em dia, humildade não é um conceito apreciado pelas pessoas. No entanto, humildade não é senão a coragem para a verdade e a coragem de assumir a relação consigo mesmo e com as coisas. Humildade em latim é *humilitas. Humilitas* vem de *humus* = terra. Humildade é, portanto, a coragem de assumir minha condição terrena, a coragem de descer ao fundo da alma, à minha própria verdade. Humildade é a coragem de estar com os dois pés no chão, a coragem de não devanear. Quando estou parado com os dois pés no chão, sinto que eu próprio vim da terra, pertenço à terra. Então tratarei essa terra com cuidado. Entendo-me como alguém que necessita de cuidado, exatamente como a terra. Assim, a humildade é condição para lidar bem consigo mesmo, para ser cuidadoso consigo mesmo.

Para o psicólogo suíço C.G. Jung, a humildade é uma atitude importante do ser humano maduro. Para ele, humildade significa encarar seus próprios lados sombrios e integrá-los em sua vida. Quem conhece a si mesmo honestamente torna-se humilde. Essa pessoa sabe que não tem só lados ideais dentro de si, mas também lados menos ideais, que ela não é só amistosa, mas também agressiva, não só honesta, mas também desonesta. Para C.G. Jung, a humildade é a coragem de encarar a minha própria verdade. Essa coragem leva à serenidade interior. Não temo meus lados sombrios. Não preciso de energia para escondê-los penosamente. Posso me assumir como sou.

Muitas pessoas gastam energia demais mantendo sua fachada. Elas procuram reprimir ou ao menos ocultar dos demais tudo o que contradiz essa fachada ofuscante. Uma mulher disse para mim: "Não consigo recolher-me ao silêncio. Quando faço isso, um vulcão entra em erupção dentro de mim". Se vivo com essa imagem, gasto muita energia para manter o vulcão constantemente dominado. E ainda assim vivo com medo de que, apesar de todo o esforço, ele um dia poderá entrar em erupção. A humildade é a coragem de aceitar tudo o que há dentro de mim: tudo isso também faz parte de mim. Quando assumo essas coisas, eles perdem sua periculosidade. A humildade me livra do medo do vulcão que há dentro de mim. Tudo o que há dentro de mim pode existir. Tenho confiança de que o amor de Deus impregnará tudo o que existe dentro de mim. Pois esta é a essência da fé cristã, que Deus desceu em Jesus até as profundezas da terra para que eu mesmo encontre a coragem necessária para descer até o reino das sombras da minha alma e confiar que tudo será tocado e transformado por Jesus.

É esse descer até as profundezas da própria alma que Jesus tem em mente quando diz: "Porque todo aquele que se eleva será humilhado e quem se humilha será elevado" (Lc 18,14). Não se trata de apequenar a si mesmo, mas de um autoconhecimento honesto e simultaneamente do respeito pelos outros. Não me coloco acima dos demais. Para C.G. Jung, a humildade é a condição para jamais ficar solitário.

Pois quando sou humilde reconheço em cada ser humano ao meu lado alguém que tem algo a me dizer. Respeito o outro. Quem constantemente se coloca acima dos demais torna-se solitário. E torna-se incapaz de estabelecer relações autênticas. Pois se passar o tempo todo proclamando seus grandes feitos, nunca terá verdadeiros amigos. A amizade exige que nos encontremos com o outro como a pessoa que somos.

A mística espanhola Teresa de Ávila também entende a humildade desse modo. Para ela, humildade é "andar na verdade". Ao dizer isso, ela tem em mente mais do que honestidade em relação a outras pessoas. Ela entende isso no sentido de que eu reconheça e viva a minha verdade como ser humano. Dessa verdade faz parte o fato de eu ser criatura, retirada da terra, efêmera e limitada. A humildade se expressa na reverência diante da criação, no respeito pela natureza. E se expressa no fato de eu respeitar e honrar cada ser humano com sua limitação.

São Bento exige uma atitude humilde em primeira linha do celeireiro, do diretor financeiro do mosteiro, e dos artesãos. No capítulo sobre o celeireiro, consta: "Tenha antes de tudo humildade" (RB 31,13). São Bento sabe que o poder que o celeireiro detém em virtude de sua responsabilidade pelo dinheiro facilmente poderá seduzi-lo a colocar-se acima dos demais e perder o senso de realidade. Humildade é a atitude de trilhar o caminho junto com os demais e do mesmo modo que os demais, em vez de se distanciar deles. O que São Bento escreve a respeito do celeireiro deveria ser levado em consideração pelas pessoas que detêm poder. Isso vale para o pai que acha que a família depende do seu dinheiro e por isso deve orientar-se por ele. Isso vale para chefe de empresa que dá a entender aos seus colaboradores que quem manda é ele e olha de cima para baixo para eles. E isso vale para os muitos apresentadores de espetáculos que se colocam acima das pessoas e acham que todos os convidados do seu *show* estariam ali apenas em função da sua grandiosidade.

No capítulo sobre os artesãos consta o seguinte: "Se há artesãos no mosteiro, que executem suas artes com toda a humildade, se o abade o permitir. E se algum dentre eles se ensoberbece em vista do conhecimento que tem de sua arte, pois parece-lhe que com isso alguma vantagem traz ao mosteiro, que seja esse tal afastado de sua arte e não volte a ela a não ser que, depois de se ter humilhado, o abade, porventura, lhe ordene de novo" (RB 57,1-3). Isso soa muito severo. No entanto, humildade significa para o artesão que ele está em contato com o que faz e com as coisas que cria.

O perigo da atual atividade econômica é que nos colocamos acima das coisas e que usamos aquilo que produzimos unicamente para ganhar dinheiro ou representar a nós mesmos. Não nos envolvemos mais com as coisas que produzimos. A indústria farmacêutica norte-americana gasta hoje mais com *marketing* do que com pesquisa. Isso mostra que ela nem se encontra em relação com seus produtos. Só o que importa é apresentar bem os produtos. O resultado dessa falta de relação com as coisas é que essas coisas não convencem mais por elas mesmas, mas somente em virtude da publicidade. Infelizmente isso vale hoje com frequência também para livros. O que garante a boa vendagem não é a qualidade do livro, mas a propaganda. E bastantes vezes são os escândalos que chamam a atenção para o livro. Humildade significaria esforçar-se na hora de escrever e de ler e não simplesmente correr atrás de quem grita mais alto.

A falta de humildade e de respeito pelas coisas é uma marca da sociedade do consumo de produtos descartáveis. As pessoas não estão mais em contato com as coisas que elas ou outras criaram. No entanto, essa maneira de tratar as coisas torna todas elas sem valor. As coisas servem somente ao uso rápido e ao ganho rápido. Da humildade faz parte também o trabalho que faz jus à coisa feita. Percebe-se facilmente em uma mesa se ela foi feita com amor por um marceneiro ou se foi fabricada a toque de caixa apenas para cumprir sua função por curto espaço de tempo. Muitos artesãos têm esse senso para as coisas que produzem. Eles estão em relação com elas. Eles trabalham para durar, pois o que produzem é algo valioso, que não se pode simplesmente descartar sem pensar. Sentimos isso em nosso mosteiro quando admiramos os velhos móveis que nosso marceneiro produziu há 50 anos. Chega a doer quando se torna necessário descartar um armário só porque ele não corresponde mais ao estilo do resto da mobília. E pensamos três vezes se isso realmente é um procedimento responsável. A humildade não se curva só diante das pessoas, mas também das coisas. Ela as reverencia. Humildade é a coragem para assumir a condição terrena, para o contato com o chão. Quando trato as coisas com humildade, respeito-as e percebo o seu valor.

Hoje em dia os computadores e outros aparelhos são confeccionados de tal maneira que o prazo de validade já vem embutido neles. Depois de cinco anos de uso os componentes essenciais já se desgastaram, para que descartemos o aparelho e compremos um novo. Além disso, os novos aparelhos seriam melhores e mais baratos. Mas isso é uma falácia. Uso no meu escritório a escrivaninha que meu predecessor na administração encomendou na nossa própria marcenaria. A escrivaninha tem mais de 60 anos. Ela ainda está inteira. E ela ainda serve bem aos meus propósitos. Se estabeleço uma relação com a velha escrivaninha, trato-a com cuidado. Vejo o trabalho posto nela, o amor com que foi feita.

Na economia, conheço muitos *managers* cuja primeira providência após assumir o cargo de comando é mandar remobiliar o escritório. Os móveis antigos são descartados. Na maioria das vezes isso é um desperdício de energia e um esbanjamento de recursos, pois eles poderiam também ser renovados. Além disso, os móveis antigos não podem ser simplesmente incinerados.

Eles estão misturados com tanto verniz ou outras substâncias artificiais que custa caro desfazer-se deles.

Na qualidade de celeireiro, fiz muitas reuniões com os nossos artesãos. Ponto constante de discussão foi este: Vamos nós mesmos confeccionar os móveis ou comprá-los mais barato em uma loja de móveis de pronta entrega? Naturalmente os móveis confeccionados sob medida têm seu preço. Mas se forem bem planejados e confeccionados com esmero, eles também duram mais. No final das contas, sua aquisição sai mais em conta do que se comprássemos móveis novos a cada cinco ou dez anos. Exatamente isso é atividade econômica sustentável.

Muitas vezes me assusto quando vejo como é tênue a relação que as pessoas têm com as coisas. De repente estas não servem mais. Gostaríamos de ter a mobília tinindo de nova. É preciso ter uma atitude diferente em relação às coisas, uma atitude de humildade, que se curva diante das coisas, que percebe as coisas pelo que elas são. Sem a atitude da humildade não é possível uma atividade econômica cuidadosa e sustentável. O que conta não é só o custo bruto. É preciso montar um cálculo de custos sustentável, que raciocina para além de economizar a curto prazo.

Assim, o conceito da humildade, que para muitos está fora de moda, torna-se importante justamente hoje para a maneira de lidar com as coisas. Se fôssemos mais humildes e mais cuidadosos com aquilo que nós mesmos produzimos, evitaríamos o esbanjamento desmedido.

Do que precisa o ser humano

Tendo como pano de fundo as ideias de São Bento sobre a justa medida, eu gostaria de abordar alguns pontos que me ocorrem quando penso no ser humano atual. Como monge não vivo só para mim nem protegido pela minha comunidade monástica. Sempre estou me perguntando o que a minha vida poderia significar para as pessoas no mundo e qual a mensagem que nós, monges, temos para o mundo. Ao fazer isso, não quero colocar-nos na posição de quem sabe tudo melhor, de quem sabe exatamente do que o mundo precisa. Na nossa convivência, desaparecem os ideais demasiadamente elevados. Nela se requer, acima de tudo, a humildade. Pois na convivência experimentamos nossas debilidades e nossa limitação. E tomamos ciência de que nós mesmos não conseguimos viver grandes ideais. O próprio São Bento já é modesto quando fala da comunidade. Ele conta com a possibilidade de que ela tenha de lidar com conflitos diários. Mas, apesar disso, ele está convencido de que tem algo a dizer aos monges com a sua Regra e que, com o seu modo de viver, os monges também podem ser uma bênção para o mundo. Nesse sentido, gostaria de tornar algumas experiências da nossa vida comunitária fecundas para a vida no mundo, indagando: Do que precisa o ser humano? E do que precisa ele exatamente hoje?

Reflexão sobre o mistério da nossa condição humana

Hoje nos ocupamos com muita coisa superficial. Isso começa com as informações com que praticamente somos soterrados.

A comunicação é projetada para ser efêmera e impede encontros e diálogos reais. O cientista do cérebro Manfred Spitzer fala de "demência digital". De tantas informações esquecemos o essencial. Estamos em constante intercâmbio virtual e digital, mas tudo permanece na superfície. Perdemos a capacidade de prestar atenção e tornamo-nos incapazes de envolver-nos com um texto e de entendê-lo. Não surge mais nenhum diálogo porque estamos constantemente enviando e-mails a outros ou tuitando com eles.

Mas também nossas conversas muitas vezes giram em torno do inessencial. Um soldado que esteve no Afeganistão me contou que, ao retornar, não conseguiu falar de suas experiências com seus amigos e suas amigas. Eles se ocupavam somente com temas superficiais, nos quais se tratava das novas ofertas do supermercado, de vestuário que acabou de entrar em moda, dos filmes atuais no cinema. Ele estava decepcionado por não poder conversar com seus amigos sobre o essencial na vida. No Afeganistão, ele fora confrontado com a morte. Isso fez com que seus parâmetros se modificassem. Mas os amigos não se interessavam em saber como podemos viver em face da morte. Eles não queriam ir fundo nas questões.

Experiência parecida fazem as pessoas de luto, ao contarem que seus amigos atravessam a rua porque não querem ter nada a ver com seu luto. Em alguns círculos, elas não têm permissão de falar sobre a criança falecida ou o cônjuge falecido. Pois isso perturba o *small talk* [conversa sobre amenidades]. A superficialidade é arranhada. Percebe-se que, por trás disso, há um grande temor de ser confrontado com o que realmente importa na vida.

O oposto da superficialidade é a profundidade. De um lado, muitas pessoas hoje anseiam por profundidade. O falatório superficial as entedia. Mas, quando se confrontam com sua própria profundidade, não descobrem só coisas agradáveis. Então procuram evitar isso. Elas não querem encarar sentimentos como medo e dor, luto e depressão. Elas os afastam com medicamentos. Assim permanecem sempre na superfície. E, no final das contas, sua vida se torna vazia.

A vida é um mistério. E cada ser humano é um mistério. Fico incomodado com o fato de que isso é completamente ignorado por certos livros de aconselhamento. Eles dão conselhos para exercer o controle sobre a vida, para ser bem-sucedido em tudo. No entanto, esses conselhos permanecem na superfície. O que falta neles é a profundidade da existência humana. E não respeitam o mistério que cada ser humano representa. Para mim, o caminho não passa pelos conselhos baratos que dizem como posso lidar com todas as minhas preocupações e todos os meus problemas e assim alcançar minha felicidade pela via expressa. A meu ver, trata-se, muito antes, de admitir e encarar tudo o que vivencio e os sentimentos que percebo dentro de mim. Encaro meu medo, meu ciúme, minha inveja, minha falta de medida, minha tristeza e, passando por todas essas emoções, chego ao fundo da minha alma. Chego ali ao espaço interior da quietude. Ali sou totalmente eu mesmo. Ali entro em contato com a imagem singular que Deus fez de mim.

Mas não tenho como descrever essa imagem. Ela permanece um mistério. Entro em contato com o mistério do meu verdadeiro eu. E intuo que, no fundo da minha alma também reside o mistério que Deus é para mim. Outros podem até caracterizar esse mistério com outras palavras. Porém, o aspecto decisivo é que não consigo explicar tudo que há em mim nem trazer tudo à superfície. Mas quando chego à minha própria profundidade, toco o mistério que há em mim. E respeito esse mistério. Somente no lugar em que o mistério mora em mim consigo me sentir em casa em mim mesmo. E quando estou em casa em mim mesmo, não preciso empreender esforços desmedidos para sentir-me bem. Quando estou em casa em mim mesmo, estou em harmonia comigo mesmo. Alcanço interiormente a tranquilidade. Nesse momento, a falta de medida deixa de ser um tema para mim, pois percebo o que me é mais próprio. E quando estou em contato com o que me é mais próprio, também encontro a medida certa para mim. Paro de comparar-me com outros. Paro de preencher meu vazio interior com uma quantidade cada vez maior de coisas como dinheiro, riqueza, renome, reconhecimento, sucesso e fama. Estou em paz e, em consequência, também tenho a justa medida.

Devotar-se ao trabalho

Como a palavra "mistério", também a palavra "devotamento" não é muito moderna em nossos dias. Mas, para mim, essas palavras antigas contêm muita sabedoria exatamente para nós, seres humanos de hoje. A meu ver, a incapacidade de devotamento é a razão pela qual muitas pessoas não conseguem mais se envolver a fundo com o trabalho ou dedicar-se a uma causa.

Os professores lamentam que os alunos e as alunas praticamente não conseguem mais se concentrar nas aulas. Em função do celular e da televisão, eles se habituaram a pular de um programa para o outro, de passar de uma informação para a outra, "surfar" na internet e assistir a todas as coisas possíveis. Mas seu agir não é direcionado para um objetivo. Assim, eles têm dificuldade de ater-se a uma coisa só. Sua concentração rapidamente se desfaz. De onde vem a incapacidade de ater-se a uma coisa só? Para mim, a causa é a falta de devotamento. Olhamos somente para a superfície das coisas. Mas não nos envolvemos realmente com algo, nem com um ser humano que nos conta algo de si e de seu sofrimento, nem com o trabalho que estamos fazendo. Na escola, essa falta de devotamento leva a que os alunos nem mesmo se interessem pelas coisas que o professor transmite. Só as notas interessam.

Devotamento sempre tem a ver com entusiasmo. Quando estou entusiasmado com alguma coisa devoto-me inteiramente a ela. E então também é prazeroso olhar a coisa, ocupar-me com ela, trabalhar nela e com ela. Os alunos que não conseguem se envolver com coisa nenhuma nem se devotar a ela têm pouca energia. Logo ficam cansados e entediados. Alguns professores tentam, então, atrair a atenção dos alunos com os mais interessantes espetáculos midiáticos possíveis. No entanto, esse empenho muitas vezes sai caro. Os professores logo se sentem extenuados pelo esforço desmedido. Uma tarefa importante seria voltar a fomentar a capacidade de devotamento.

Porém, o devotamento também tem a ver com desapegar e apegar. Só consigo me envolver por inteiro com uma pessoa ou com uma coisa se me desapego do meu próprio ego. O ego sempre tem necessidades. Ele sempre gira em torno de si mesmo. Quando vivo a partir do meu ego, só consigo fazer o que me interessa naquele momento. Mas assim que aquele interesse cessa, tenho de ir para o próximo. A incapacidade de ater-me a uma coisa só, no fundo, é idêntica à incapacidade de permanecer totalmente no instante. Estou interiormente inquieto, não consigo envolver-me com nada porque sempre giro só em torno de minhas próprias necessidades. Sempre me pergunto: Sinto prazer no que estou fazendo agora? E nenhum trabalho por si só proporciona somente prazer. Proporcionar prazer ou não depende do trabalho, mas de mim e da minha mentalidade. Porém, há quem tenha a expectativa de que o prazer venha de fora. Por isso, a incapacidade de ater-me a uma coisa só revela a perda do meu próprio centro. Não estamos em casa em nós mesmos. Necessitamos de alternância constante. E nesse caso nada dá certo.

Por trás dessa incapacidade de envolver-se com alguém ou alguma coisa encontra-se, em última análise, o medo de perder a oportunidade. Poderia haver outra coisa mais interessante neste momento. E estou perdendo isso. Porém, de tanto medo de perder alguma coisa perco a vida. Por não conseguir me envolver de fato com nada, não consigo gostar realmente de nenhum trabalho. Estou sempre fugindo de mim mesmo. Somente se eu deixar de perguntar constantemente o que ganharei com isso e se, ao contrário, me envolver com alguma coisa, com uma pessoa, com um projeto por acreditar que posso ser uma bênção para essa pessoa ou para esse projeto, somente se me libertar das minhas próprias necessidades e me abrir para aquilo que a outra pessoa ou coisa está necessitando agora, conseguirei encontrar o caminho até mim mesmo.

Não medir as minhas próprias necessidades pelas necessidades dos outros

Muitos estão sempre se comparando com outros. Comparam sua profissão com a do vizinho, sua renda com a de seus amigos. Quando estão em um grupo, comparam-se com outros: Minha aparência é melhor do que a do outro? Sou mais autoconfiante do que aquele ou aquela? Sou mais bem-sucedido, mais espiritual, mais inteligente do que os outros? Essas pessoas não estão em si mesmas. Elas se definem a partir da comparação com outras. Assim, nunca estão satisfeitas com o que são e com o que têm nem são gratas por isso. Elas comparam a roupa que estão vestindo com a dos seus conhecidos. Olham tudo o que os outros precisam. E assim que veem os outros usando um novo iPod, também precisam tê-lo. Elas não querem ficar para trás. No entanto, esse ato de comparar-se tira a liberdade. Nem é mais possível alegrar-se com o que temos. Estamos constantemente espichando o olho para ver o que os outros têm. E então precisamos ter aquilo também, mesmo que não caiba no bolso.

São Bento está ciente desse olhar para os outros a partir de sua comunidade monástica. Em uma comunidade, os irmãos muitas vezes se comparam uns com os outros. Eles prestam muita atenção para ver se o abade trata a todos do mesmo modo ou se um deles tem seus desejos mais prontamente atendidos. Esse comparar acontece exatamente do mesmo modo nas firmas. As pessoas observam bem como o chefe trata cada um. Há quem conte os minutos que ele gasta falando com um colaborador. E então se sentem passados para trás. As crianças se comparam com seus irmãos e suas irmãs e percebem exatamente quanta atenção cada uma ganha do pai e da mãe, em que ponto o irmão ou a irmã são preferidos, em que ponto o pai e a mãe são mais generosos em dar-lhes permissão para fazer algo. E, durante a refeição, elas comparam para ver quem ganhou o pedaço maior da torta. Esse constante comparar-se muitas vezes marca as refeições em família. São Bento conhece essa tendência da alma humana. Por isso, ele escreve no capítulo 34:

> Como está escrito, repartia-se para cada um conforme lhe era necessário. Não dizemos, com isso, que deva haver acepção de pessoas, o que não aconteça, mas sim consideração pelas fraquezas, de forma que quem precisar de menos dê graças a Deus e não se entristeça por isso; quem precisar de mais, humilhe-se em sua fraqueza e não se orgulhe por causa da misericórdia que obteve. E, assim, todos os membros da comunidade estarão em paz (RB 34,1-5).

O que se quer é levar em consideração as necessidades e fraquezas dos indivíduos. Os fracos precisam de mais atenção e às vezes também de mais dinheiro ou de mais alimento ou de vestuário. Os fortes não devem se exaltar por causa disso e achar que deveriam ganhar exatamente a mesma quantidade que ganham os fracos. A força deve se manifestar justamente no fato de estarem contentes com o que têm, de não precisarem tanto quanto os outros. – Os fortes não se coloquem acima dos outros nem sintam-se melhores, mais ascéticos e maduros do que eles. Antes agradeçam a Deus e não fiquem tristes. Mas os fracos que recebem mais tampouco se coloquem acima dos fortes nem zombem deles por estes terem recebido menos. Cada qual permaneça em si mesmo, pondere e aceite a sua medida. Assim, quem se comparar com outros, ficará insatisfeito.

A maneira correta de lidar com as necessidades é o pressuposto para que uma comunidade possa viver em paz. Para isso, é preciso que haja uma liberdade interior em relação às necessidades. Devo admitir que as tenho. Isso requer humildade. Não devo insistir em que todas sejam obrigatoriamente atendidas. Antes, também devo ser capaz de renunciar às necessidades. Justamente nisso se manifesta, para São Bento, a força humana. Todavia, essa renúncia também exige a renúncia a comparar-se com os outros. Sigmund Freud opina: quem nunca consegue renunciar tampouco é capaz de desenvolver um eu forte. Assim, a via áurea para a paz na comunidade, mas também para a paz do indivíduo, é que eu admita as minhas necessidades, que eu me permita a satisfação de necessidades, mas que ao mesmo tempo também procure renunciar à satisfação das necessidades. As duas coisas andam juntas: renunciar e desfrutar. Quem não é capaz de renunciar tampouco é capaz de desfrutar. Somente quem já renunciou é capaz de mais adiante desfrutar.

Essa sabedoria levou a Igreja a estipular períodos de espera e renúncia antes de grandes festas: antes da Festa do Natal, o período de espera do Advento e, antes da Festa da Páscoa, o período de jejum da Quaresma. No entanto, hoje as pessoas têm dificuldade para esperar. Elas transformam o período de espera do Advento em período natalino antecipado. A consequência disso é que o Natal não é mais celebrado como deveria ser. E transformam o período de jejum da Quaresma em tempo de beber cervejas fortes e, desse modo, pulam o período da renúncia.

Basta que leiamos o jornal. Deparamo-nos a todo momento com a comparação. Grupos que se sentem prejudicados apresentam-se imediatamente como vítimas. Bruckner fala da epidemia da *victimology* [vitimologia], a saber, entender-se sempre e em toda parte como vítima e exigir seus direitos pela via jurídica. Ele cita John Taylor: "É só afirmar que temos determinado direito e provar que fomos privados dele para obter o *status* de vítima"*. Muitos hoje não assumem a responsabilidade por sua vida, mas comparam seu padrão de vida com o de outros e se sentem prejudicados. Eles são as "vítimas" e exigem justiça do Estado. Na realidade, porém, nem todos que ganham menos do que um professor universitário são vítimas da política educacional injusta. Comparar-se leva a assumir uma atitude de vítima. No momento em que alguém se acha prejudicado na comparação com outros, contrata um advogado para forçar seus direitos, por mais ridículos que possam parecer.

O que São Bento descreveu como caminho para a paz seria viável também para a nossa sociedade. Hoje em dia, muitos que têm uma necessidade acham que têm também o direito de satisfazê-la. Direito a um televisor, direito a uma geladeira, a um carro, a um determinado padrão de vida. Eles se comparam com outros e acham que têm o direito de ter a sua disposição exatamente a mesma quantidade de dinheiro que seu vizinho. No entanto, desse modo só se nutre inveja e insatisfação. Permanecer conosco mesmos e aceitar com gratidão o que somos e o que temos seria um caminho para a paz interior. Essa atitude interior é a condição para jamais tornar-nos desmedidos.

---

* Bruckner, p. 137.

O que me enriquece

A última página do semanário *Die Zeit* traz a coluna "O que torna a minha vida mais rica". Ali leitores relatam coisas aparentemente banais que, no entanto, têm grande valor ideal para eles pessoalmente. Ou registram vivências de que ainda hoje se nutrem. As lembranças muitas vezes são um tesouro que carregamos dentro de nós e que nos enriquece.

Uma revista para pessoas jovens não perguntou aos jovens o que os enriquece, mas o que é sagrado para eles. Mas as respostas foram parecidas. Sagrado é aquilo que é valioso para mim. Mas, ao mesmo tempo, a partir da origem da palavra, sagrado é aquilo que é retirado do mundo. Trata-se, portanto, de algo cuja importância não advém de um valor exterior, mas de ser sagrado para mim pessoalmente, de trazer para a minha vida algo que ninguém pode roubar de mim. E o sagrado sempre é também aquilo que possui uma força especial em si. Sempre trato o sagrado com cuidado e reverência. Eu não gostaria de perdê-lo. Ele me põe em contato com meu eu verdadeiro.

As duas afirmações, "o que me enriquece" e "o que é sagrado para mim", andam juntas. A palavra alemã para rico, *"reich"*, significa originalmente: rei, dominador. A palavra *"reich"* significa, portanto: principesco, régio, de nobre estirpe. Ela não se refere à grande quantidade de bens, mas aos bens reais, àquilo que distingue o rei. É algo especial, algo valioso. E, em consequência, tem afinidade com o sagrado. O sagrado é aquilo que pertence a Deus, que se tornou inacessível ao ser humano. O sagrado é sempre o especialmente valioso, aquilo que não há dinheiro que pague, por ter em si um valor intocável.

A busca por posses é inerente ao ser humano. No entanto, ao mesmo tempo, as posses também podem deixar o ser humano possuído. Seus pensamentos passam a girar única e exclusivamente em torno da riqueza. O anseio que, em última análise, está contido na busca por posses é o anseio por conseguir viver em paz. Não é preciso mais preocupar-se quando se tem o suficiente e quando o futuro está assegurado. No entanto, muitas vezes quando alguém se tornou rico, multiplicam-se também suas preocupações. É preciso pôr sua riqueza em segurança, ocultá-la das pessoas invejosas.

A riqueza sempre abriga o risco de que alguém queira preencher com ela seu próprio vazio. Nesse caso, não há riqueza que baste. O vazio interior é um poço sem fundo. Por mais dinheiro que se derrame dentro dele, o poço nunca se enche. Desse modo, a riqueza nos separa de nosso coração e de nossa alma. Uma mulher me falou a respeito do seu marido financeiramente muito bem-sucedido. No entanto, ela não consegue mais conversar direito com ele, porque ele só fala de dinheiro e poder. Ela não consegue mais tocar seu coração. Ele foi soterrado pela grande quantidade de dinheiro.

Jesus assume o anseio que reside na busca por riqueza, mas desloca a riqueza para dentro: "Não ajunteis riquezas na terra, onde a traça e a ferrugem as corroem, e os ladrões assaltam e roubam. Ajuntai riquezas no céu, onde nem traça nem ferrugem as corroem, onde os ladrões não arrombam nem roubam. Pois onde estiver o vosso tesouro, aí também estará o coração" (Mt 6,19-21). A riqueza que acumulamos aqui sempre é passageira. Ela pode evaporar pelas circunstâncias exteriores ou então pode ser tirada de nós por outros: por ladrões, uma crise financeira, por assessores financeiros fraudulentos etc. Devemos acumular a riqueza no nosso interior. Essa riqueza interior é a riqueza da alma. Quando olho para dentro de mim, identifico na minha alma uma fonte de amor que jamais seca. Identifico uma fonte de criatividade que me enriquece interiormente. E descubro dentro de mim uma fonte de alegria e de paz que me deixa feliz.

Jesus conta duas pequenas parábolas para revelar-nos a verdadeira riqueza. Um homem descobre um tesouro no campo e vende tudo o que tem para comprar esse campo. E um negociante encontra uma pérola especialmente valiosa e vende tudo para comprar essa pérola (cf. Mt 13,44-46). O verdadeiro tesouro está enterrado no campo da nossa alma. Somente o encontraremos se cavarmos a terra até ele. Devemos descer até a nossa própria condição terrena. É isso que significa a humildade, a *humilitas*. Só quem atravessa sua própria escuridão, sua própria sujeira, encontra o tesouro. A pérola cresce nas feridas da ostra. Só descobrimos a pérola preciosa dentro de nós quando nos confrontamos com nossas próprias feridas. As feridas nos abrem. Elas nos obrigam a entrar em nós mesmos e ali, no fundo da alma, encontrar a pérola preciosa.

O que realmente nos enriquece é, portanto, a nossa humanidade, que sempre implica duas coisas: nossos pontos fortes e nossas fraquezas, o que há de saudável e o que há de machucado, o que há de brilhante e o que há de sujo em nós. É preciso aceitar ambas as coisas. Descobriremos, então, a nossa riqueza interior, que ninguém poderá nos tirar. Ela foi implantada em nós na dignidade intocável que Deus concedeu a cada um de nós. Mas ela também criou raízes em nós pela história da nossa vida. Nossa história com todas as vivências, com as experiências de alegria e sofrimento, de êxito e fracasso, faz crescer nossa riqueza dentro da nossa alma. Temos um tesouro de experiências e memórias guardado dentro de nós. E podemos contemplar esse tesouro sem medo de que nos seja roubado. Nem mesmo a morte poderá destruir esse tesouro interior, mas ele será salvo e preservado para sempre na eternidade.

O anseio por posses e riqueza representa, assim, o anseio por descanso e paz interior. É o anseio por poder viver sem preocupações. No entanto, a riqueza exterior não poderá satisfazer esse anseio por descanso. Só conseguimos obter descanso quando suportamos a nós mesmos, quando gostamos de estar conosco mesmos. Porém, só gostamos de estar conosco mesmos, só gostamos de descansar em nós, quando temos dentro de nós algo precioso, algo sagrado que nos toca e tranquiliza. Se ao descansar não encontrarmos nada além da nossa história de vida com suas rupturas e sua fragilidade, não suportaremos estar conosco mesmos. Fugiremos de nós mesmos. Somente conseguimos ficar bem conosco mesmos por haver uma riqueza interior, por haver algo régio e majestoso dentro de nós. E somente porque há em nós o sagrado que foi retirado do mundo encontramos descanso dentro de nós. Pois o sagrado não pode ser perturbado pela inquietação deste mundo. Há um espaço sagrado dentro de nós, no qual somos sãos e íntegros, no qual estamos em harmonia conosco. Nesse espaço – é o que nos diz a Bíblia –, ingressamos no descanso sabático de Deus. A Bíblia fala a respeito dele na história da criação: "No sétimo dia, Deus considerou acabada toda a obra que havia feito, e no sétimo dia descansou de toda a obra que fizera. E Deus abençoou o sétimo dia e o santificou, porque neste dia Deus descansou de toda a obra da criação" (Gn 2,2-3). Nós chegamos ao descanso no dia santo, no dia que está fora do alcance da eficiência da realização, no dia que pertence a Deus e, por isso, inteiramente a nós mesmos.

Descansar em si mesmo, não se deixar conduzir

Admiramos uma pessoa que descansa em si mesma. Nós também gostaríamos de descansar em nós mesmos e não perder a calma diante das vicissitudes da vida. Nós gostaríamos de encontrar descanso em nós mesmos, sem precisar constantemente prestar atenção às pessoas e sua anuência ou rejeição. Queremos ser interiormente independentes da opinião das pessoas. Não queremos nos deixar levar por elas e por suas expectativas para onde nem queremos ir. No entanto, muitos acham difícil encontrar essa tranquilidade interior, pois na sua infância ouviram constantemente a pergunta: O que dirão as pessoas se te vestires desse jeito, se te comportares dessa maneira? Essas pessoas têm ainda hoje dificuldade de estar e permanecer consigo mesmas. Elas sempre já estão com os outros e com os pensamentos que os outros eventualmente poderiam ter. Uma mulher jovem não conseguia ficar tranquila. Para ela, entrar em uma loja já era um desgaste. Constantemente ela se perguntava: O que as vendedoras vão pensar de mim? O que dirão das minhas crianças? Será que, na opinião delas, sou uma mãe ruim? Essa fixação nos pensamentos que os outros poderiam ter a respeito dela e de suas crianças não a deixava tranquila.

Outros têm a consciência pesada quando se permitem um descanso. Conheço mulheres e homens que nasceram em uma propriedade rural. Quando eles, ainda crianças, resolviam descansar um pouco, muitas vezes a mãe vinha e perguntava: Vocês não têm nada para fazer? Há tanta coisa para fazer. Façam isto ou aquilo. Em algumas propriedades rurais não se tinha senso para o descanso. Sempre se deveria pôr mãos à obra e contribuir para que o cotidiano funcionasse sem atritos. Mais tarde, não é fácil para pessoas que cresceram dessa maneira desfrutar do descanso. No seu íntimo, sempre ecoa uma voz: "O que pensarão os outros se me permito um passeio em plena luz do dia? Eles pensarão que não tenho nada para fazer". Para alguns equivaleria a uma condenação, se alguém dissesse: "Parece que não tens nada para fazer". Para escapar de uma condenação desse tipo, elas sempre estão fazendo alguma coisa, estão sempre em movimento e pelo menos dão a impressão de que têm de resolver algo relevante.

Muitos anseiam por alcançar o descanso interior, por se libertar daquilo que outros pensam deles. A pergunta é como se consegue isso. O que ajudou a mim pessoalmente foi uma passagem do Evangelho. Nela Jesus promete que nos proporcionará descanso. E Ele nos mostra o caminho para encontrá-lo: "Tomai sobre vós o meu jugo e aprendei de mim, que sou manso e humilde de coração, e achareis descanso para vossas almas. Pois meu jugo é suave e meu peso é leve" (Mt 11,29-30). Nós próprios muitas vezes nos impusemos um jugo que nos oprime e nos deixa inquietos. É a pressão permanente a que nos expomos. Pensamos ter de realizar mais e mais coisas, fazer tudo perfeito, sempre resolver tudo imediatamente. Colocamo-nos na obrigação de correr todo dia essa ou aquela distância, fazer isso ou aquilo pela nossa saúde. Constantemente queremos provar a nós mesmos e a outras pessoas que fazemos tudo certo. Ou outras pessoas nos impuseram seu jugo que nos priva do descanso. Elas exigem cada vez mais de nós. Elas têm expectativas que não podemos preencher. E, ainda assim, sujeitamo-nos à pressão e tentamos fazer essas coisas. Assim jamais alcançaremos o descanso. O jugo que Jesus nos impõe é leve. Ele não pressiona. É sua mão curadora e auxiliadora que nos transmite esta mensagem: eu te aceito como és. Estás sob a proteção de Deus. Estás sob a graça de Deus. Deus quer te colocar em pé e conduzir-te à liberdade interior.

Podemos aprender de Jesus duas atitudes para encontrar descanso. A primeira atitude é a da mansidão. A palavra alemã para manso, "*sanft*", é derivada de "*sammeln*", "reunir". Portanto, sou manso quando tenho a coragem de reunir tudo o que há dentro de mim. Tudo faz parte da minha vida: êxitos e fracassos, o bem que fiz, mas também minha culpa, meus sentimentos e meu entendimento. Há tantas pessoas que reprimem algo dentro de si por pensarem: isso não faz parte de mim, isso não pode ser, isso as pessoas não podem ver. No entanto, quanto mais coisas elas precisam esconder, tanto maior a pressão que se acumula sobre elas. Elas têm medo de que, ainda assim, os outros conseguirão enxergar o que há atrás da fachada. Às vezes encontramos pessoas que nos dão a impressão de que estamos na presença apenas de sua cabeça ou apenas do papel que desempenham ou apenas do seu melhor ângulo, mas não delas como seres humanos. Temos, então, uma sensação de estranhamento e sentimos que não está acontecendo um encontro real. Trata-se sempre de pessoas que não são mansas, que não têm a coragem de reunir tudo dentro de si mesmas. Quando reúno tudo o que há dentro de mim e o que aconteceu na minha história de vida, realmente encontro descanso. Então não preciso mais ocultar temerosamente o que há dentro de mim. Um encontro verdadeiro só é possível com pessoas mansas.

A segunda atitude é a da humildade. Já falamos sobre ela. É a coragem de ir fundo em si mesmo. Tudo o que há dentro de mim é permitido, pois a luz de Deus penetra em toda parte. Tudo está impregnado do amor de Deus. A humildade leva à serenidade. Tenho a coragem de deixar que eu seja como sou. Não estou constantemente sendo pressionado a mudar a mim mesmo. Simplesmente posso ser eu mesmo. E confio que, a partir do que há dentro de mim, Deus fará florescer a árvore que corresponde à minha essência. A árvore só conseguirá crescer se a deixarmos plantada onde está. Quem constantemente a cultiva e transplanta não conseguirá obter nenhum fruto dela. Ela precisa do descanso da permanência para poder crescer. E assim também nós precisamos do descanso da mansidão e da humildade para que possamos com toda calma nos tornar quem somos. Nesse caso, o descanso não é o repouso régio de um bávaro depois de beber cerveja, que não quer ser abalado ou perturbado por nada. Trata-se, muito antes, do descanso que nos permite ser quem Deus quer que sejamos. É um descanso dinâmico.

Tendo esse descanso dinâmico dentro de nós, não nos deixamos guiar a partir de fora. Estamos livres dos eternos guias que querem nos puxar para este ou aquele lugar. Esses guias podem estar dentro de nós mesmos – na forma de uma voz interior que sussurra: "Seja perfeito – apresse-se – esforce-se – faça como eu quero – seja forte!" Nós mesmos nos puxamos constantemente e nunca estamos contentes conosco. O descanso dinâmico, ao contrário, não nos puxa, mas nos move interiormente. Seguimos nosso caminho com muita tranquilidade.

E há os guias externos. Os israelitas vivenciaram no Egito os feitores de escravos que constantemente os compeliam ao trabalho, que exigiam deles resultados cada vez melhores. Em algumas firmas, as lideranças se entendem como feitores. Muitas vezes não têm limites. Acham que todo ano os colaboradores devem produzir mais. Não querem aceitar os limites do indivíduo. Nossa medida é limitada. Não podemos aumentar desmedidamente nossa capacidade de produção. Devemos desvencilhar-nos do jugo que os outros nos impõem e deixar que Jesus coloque em nós o seu jugo, que não oprime, mas nos proporciona descanso. Na Antiguidade, o senhor humano era diferenciado do tirano desumano pelo jugo que ele impunha às pessoas. O senhor humano colocava um jugo que proporcionava descanso. O tirano desumano impunha um jugo que impelia a manter-se constantemente em movimento.

Quem alcançou o descanso não se deixará mais impelir pelos outros. A partir do seu descanso interior ele encontrará a velocidade que lhe faz bem. Ele determina sua própria velocidade. E, nessa velocidade, ele geralmente trabalha de modo mais efetivo do que as pessoas que estão sempre agitadas. A agitação, na maioria das vezes, é sem propósito. Paulo fala de pessoas que levantam muita poeira, mas, no fundo, correm a esmo. E ele se diferencia delas: "Eu corro, mas não sem direção; eu luto, mas não como quem dá socos no ar" (1Cor 9,26). Muitos de fato correm, mas como se estivessem correndo numa roda para hamster. Não avançam. Correm sempre em círculos.

Somente conseguirei encontrar meu caminho e correr por ele de modo a chegar ao meu destino se tiver a coragem de distanciar-me dos demais corredores. Não devo simplesmente correr com os outros, se não tiver antes parado para refletir sobre a meta que quero atingir. A tranquilidade com que reflito sobre meu caminho e minha meta torna minha corrida mais efetiva.

Muitas pessoas têm dificuldade de dizer não. Elas têm medo de não ser mais tão benquistas. Elas pensam: o mais importante é fazer parte. Ando com os outros, mesmo que não faça o menor sentido. Elas têm medo de estar sós, medo da sua responsabilidade por si mesmas. No entanto, sem dizer não jamais encontraremos nossa medida. Quando atendo cada pedido por medo de que, caso contrário, o outro poderia me rejeitar, assumo cada vez mais trabalho. E em algum momento perco a medida das coisas. Dizer não significa: coragem de admitir meu limite. Quando faço isso, também respeito o limite do outro. Muitas vezes as mesmas pessoas que não conseguem impor limites a si próprias são as que acabam sobrecarregando as outras. É preciso ter a coragem de dizer não para encontrar a medida certa em nosso trabalho, e também a medida certa do nosso engajamento no tempo livre. Se toda vez que sou requisitado digo sim além da minha medida, virá o dia em que ficarei amargurado. Eu me sentirei explorado. Então o rancor crescerá dentro de mim. E esse rancor paralisará minha força. Ficarei sem energia. É assim que surge um círculo vicioso de sobrecarga.

Dizer não é saudável não só para mim, mas também para quem pede algo de mim. Pois há pessoas que têm desejos desmedidos em relação a mim. Elas não têm limites. É minha responsabilidade traçar-lhes os limites. Caso contrário, elas exigirão cada vez mais de mim. E nem perceberão que ultrapassaram seu próprio limite. Dizer não deixa as relações claras. Dizer não ao pedido de alguém não significa que o estou rejeitando. Confio que ele seja capaz de aceitar meu limite. Todavia, seguidamente presencio também pessoas que não respeitam meus limites. Mesmo que eu diga um não claro, elas tentam reiteradamente me deixar com a consciência pesada ou expor a importância que teria para mim dizer sim nesse caso em particular. Nesse caso, no entanto, é minha responsabilidade sustentar com clareza o meu não.

Ficar com os pés no chão

Na língua alemã, temos a seguinte expressão: *"Bleib mal auf dem Teppich!"*, "Fica em cima do tapete!". Queremos dizer duas coisas com isso: que o outro avalie adequadamente a situação em vez de fazer da mosca um elefante. Que ele não infle nem dramatize as coisas. Que veja as coisas como elas são. E, para isso, é necessário que ele "fique em cima do tapete". Quer dizer: que fique com os dois pés no chão. É o que, em última análise, significa a virtude da humildade: colocar os pés no chão, ficar em contato com a terra, não se refugiar em pensamentos distantes da realidade. Assim também será possível avaliar adequadamente as coisas.

O segundo significado: não devemos levantar voo. Há pessoas que se acham especiais, as campeãs mundiais na modalidade assim que conseguem ser bem-sucedidas em alguma coisa. Também nesse caso dizemos: "fique em cima do tapete". Não se precipite. É bom que tenha sido bem-sucedido. Mas também há outras pessoas que sabem fazer isso quase tão bem. Seja agradecido, mas pare de louvar-se além da conta. Outros não levantam voo só com palavras, mas também com sua atitude e postura. Eles perdem o contato com a terra. Não querem parar de subir. No entanto, em algum momento, despencam do alto dolorosamente. Os gregos já conheciam essa tendência e a descreveram no Mito de Ícaro. Ícaro era filho de Dédalo, um arquiteto famoso. Este fora contratado pelo rei de Creta. Era bem pago, mas nunca poderia deixar o palácio real. Dédalo, então, construiu asas de penas e cera de abelhas e as afivelou em si e no seu filho Ícaro. Juntos eles se postaram no pináculo do palácio e voaram embora. Ícaro ficou tão fascinado que voou cada vez mais alto. Seu pai o advertiu para não se aproximar demais do Sol, senão a cera de suas asas derreteria. Mas Ícaro não lhe deu ouvidos. Aconteceu o que fora predito e ele caiu no mar. Muita gente despencou da escada de sua carreira por não ter reconhecido seu limite. Outros experimentaram algum método para aumentar a inteligência, porque não quiseram aceitar seu próprio limite. Eles também se excederam. Não ficaram em cima do tapete. Quando perdemos nossa medida gostamos de levantar voo.

Isso vale também para a vida espiritual. Também nesse campo há os que querem tomar o céu de assalto, que não querem parar de subir, que se orientam por elevados ideais e acham que já estão bem próximos deles. Eles fogem de sua própria mediocridade e banalidade e se refugiam em maravilhosas ideias espirituais. Mas perdem o contato consigo mesmos. Acreditam que são essência puramente espiritual e que já se encontram em unidade com o divino. Por isso, as relações com as pessoas bem normais não seriam tão importantes para eles. No entanto, algum dia sentem que também têm necessidades bem humanas de encontro, relação, de calor humano e carinho. Quando isso acontece, dói muito despedir-se de suas ilusões. É como se caíssem de um pedestal muito alto.

Ser bom é melhor do que ser perfeito

Muitos padecem de mania de perfeição. Eles querem fazer tudo perfeito. E eles mesmos querem ser perfeitos. A palavra "perfeito" vem do latim *perficere*, concluir algo, (per)fazer algo. Quando falamos de "ser perfeito", queremos dizer "ser infalível", "estar completo". Ficamos prontos, nosso desenvolvimento atingiu a meta. Tudo em nós está isento de erro. Quando queremos ser perfeitos, extrapolamos o nosso limite. Pois na condição de seres humanos, permanecemos sempre incompletos, sempre a caminho. Sempre podemos continuar crescendo em algum aspecto.

O anseio de ser perfeito geralmente tem a ver com o desejo de evitar a todo custo os erros, pelos quais os outros poderiam nos criticar. Muitas vezes o perfeccionismo está relacionado com o medo de ser rejeitado pelos outros, de não ser considerado suficientemente bom. Em conversas, seguidamente as pessoas me dizem: "O sentimento básico na minha infância foi o de não ser bom o bastante". Esse sentimento básico é desagradável. Para escapar dele, tentamos ser perfeitos e não deixar nenhum ponto fraco exposto. No entanto, a experiência mostra que não podemos ser perfeitos, que sempre voltamos a cometer erros. Assim, o perfeccionista sempre vive com medo de não conseguir atingir seu próprio nível de exigência. No fundo, é o medo de sua própria falta de valor. Quando nos sentimos basicamente sem valor, temos de esforçar-nos, temos de fazer tudo perfeito na aparência, para provar a nós mesmos e aos outros que somos bons e valiosos. No entanto, o perfeccionista nunca fica satisfeito. Ele nunca alcança a autoestima que deseja obter por meio do seu perfeccionismo. E ele tampouco recebe o apreço de fora pelo qual tanto anseia.

O perfeccionismo pode se referir a muita coisa. À aparência exterior que não pode apresentar mancha nenhuma. Ou a uma atividade esportiva. Ou o perfeccionista a evita totalmente, por saber que jamais será capaz de um desempenho perfeito. Ou então ele se entrega desmedidamente à sua modalidade esportiva, para, não obstante, atingir a perfeição nela. Outra forma de perfeccionismo se refere aos sentimentos. O perfeccionista sempre está insatisfeito consigo mesmo, porque não consegue controlar seus sentimentos. Ele gostaria de ser sempre sereno, gentil e amoroso. Mas não é. E por isso ele tenta conseguir isso à força e o resultado é exatamente o oposto. O que vem dele, então, não é gentileza e bondade, mas rigor e agressividade. Muitas vezes trata-se de uma agressividade passiva que se oculta atrás de uma fachada amigável. Quando alguém chama a atenção do perfeccionista para um erro, sua reação é extremamente emocional; ele não tem controle sobre si mesmo e absolutamente não é perfeito. Outros perfeccionistas não conseguem deixar passar nenhuma palavra torta no que o outro diz. Eles têm de corrigir todo mundo imediatamente e desse modo se perdem sem discussões intermináveis sobre o que é correto e o que não é. Em um concerto eles perdem a compostura quando alguém canta ou toca alguma nota fora do tom. Os perfeccionistas têm expectativas exageradas em relação a si próprios e em relação aos outros. Eles gostariam de ter um casamento perfeito, formar um time perfeito. No entanto, devido a suas expectativas perfeccionistas em relação ao parceiro ou à parceira de casamento ou em relação aos integrantes do time, isso jamais ocorrerá.

O perfeccionismo se torna mania quando a pessoa fica absolutamente fixada nos erros. Nesse caso, não é possível deixar o trabalho como está, mas se fazem intermináveis novas revisões para ver se tudo realmente foi feito corretamente. Isso leva a que nos tornemos mais lentos no nosso trabalho, que de fato consigamos fazer menos. Instaura-se um círculo vicioso: quanto mais perfeitos queremos ser, tanto mais imperfeitos nos tornamos. Quanto maior a perfeição com que desejamos realizar nosso trabalho, tanto menos conseguimos realizar. Há um princípio básico da psicologia: quem quer controlar tudo perde o controle de tudo.

Conheci um funcionário público da municipalidade que queria ser perfeito e não cometer absolutamente nenhuma falha. Ele preenchia todos os formulários e estatísticas minuciosamente. Mas isso exigiu que ele fizesse cada vez mais horas extras. Ou seja, ele prejudicou a si mesmo. Porém, não só a si mesmo, mas também a administração municipal. Pois no esforço por atingir a satisfação completa no trabalho, ele investia tanta energia em formalidades pouco importantes que não dispunha de tempo nem de energia para as tarefas importantes.

Pessoas que padecem de mania de controle tentam administrar sua vida exercendo um controle exageradamente frequente sobre tudo. Elas vão cinco vezes até a porta ao anoitecer para ver se ela realmente está trancada. Elas verificam se as chapas do fogão elétrico estão todas desligadas. Algumas pessoas tornam-se incapacitadas para viver em virtude de tais manias, porque gastam energia demais no controle e nunca chegam a descansar de fato.

No fundo, por trás dessa mania de controle, há um medo abismal. Não se trata só do medo de que alguém possa arrombar a casa ou que a chapa não desligada do fogão possa provocar um incêndio. Também há o medo de tornar-se culpado. Gostaríamos de ter as mãos absolutamente limpas, sem mácula. Mas isso é um ideal elevado demais que nunca alcançaremos. Assim, a estimativa de que deveríamos ser infalíveis, absolutamente honestos, justos, amorosos e amigáveis constitui uma exigência desmedida a nós mesmos.

Quem tem uma mentalidade perfeccionista muitas vezes fica bloqueado na hora de agir. Essa pessoa não avança no seu trabalho. Uma mulher não conseguiu terminar sua tese de doutorado porque, em vez de continuar escrevendo, ficou corrigindo o que já tinha escrito. Outros querem trabalhar em si mesmos para se tornarem mais disciplinados e viverem a vida à altura do seu elevado ideal. No entanto, eles não avançam nesse trabalho em si mesmos por quererem demais. Jesus disse a esses perfeccionistas para que não esqueçam: "Ninguém que põe a mão no arado e olha para trás serve para o Reino de Deus" (Lc 9,62). Quem fica constantemente olhando para trás para ver se o sulco ficou suficientemente reto e fundo conseguirá exatamente o oposto disso. Olhar para trás faz com que o sulco fique torto. Queremos deixar o passado para trás e simplesmente voltar-nos para o que estamos fazendo.

Os perfeccionistas sofrem consigo mesmos. Mas eles também fazem outros sofrer quando direcionam suas expectativas de perfeição para eles. Assim, os perfeccionistas sempre precisam encontrar um erro no outro. Eles vão ao médico. Mas, em vez de visarem à cura de seus ferimentos, ficam fixados em algum possível erro do médico. Ou têm concepções não realistas do seu terapeuta. Eles esperam do seu médico, terapeuta ou conselheiro espiritual procedimentos e qualidades quase divinas. E, como seguidamente deparam com pessoas limitadas e também falhas, peregrinam de um médico ao outro, de um terapeuta ao outro. Nenhum consegue preencher suas expectativas e exigências, porque carregam dentro de si o sentimento básico de não satisfazer a si próprios. Contudo, o médico, terapeuta ou conselheiro espiritual não podem cair nessa armadilha. Somente na medida em que assume sua própria limitação, ele é capaz de levar seu cliente a reconciliar-se com suas limitações.

Ainda assim, o perfeccionismo pode muito bem implicar também uma motivação positiva: eu gostaria de fazer bem o meu trabalho. Eu gostaria de ser bom. Não me contento com trabalhar de qualquer jeito. Eu gostaria de otimizar o resultado. Por isso, é preciso que nos tratemos com carinho quando sentirmos dentro de nós a propensão para o perfeccionismo. E, aos poucos, devemos tentar despedir-nos dele.

Contudo, há perfeccionistas que querem superar perfeitamente seu perfeccionismo. Mas isso não funciona. Sempre só consigo relativizar meu perfeccionismo. E posso tratá-lo com humor. Admito-o, conheço-o. Mas nesse momento não me guio por ele. Por exemplo, quando quero ser perfeito como Deus, percebo que isso não é possível. E me permito ser humano. Ou digo para mim mesmo: certo, aí está o meu perfeccionismo de novo me pressionando. Mas não estou sujeito a ele. Agora eu gostaria de não me guiar por ele. Agora me permitirei fazer as coisas simplesmente do jeito que posso e não como me são prescritas pelo meu superego.

Não devemos superar nosso perfeccionismo de modo absoluto, mas transformá-lo em ser bons no que fazemos. Basta que sejamos bons com nossos semelhantes e façamos bem nosso trabalho. A palavra alemã para bom, *"gut"*, origina-se do conceito *"zusammenfügen, zupassen"*, "encaixar, caber". Ela significa, portanto, que uma pessoa cabe bem em uma comunidade, que ela se encaixa bem nela, que ela é útil. A palavra foi tomada do contexto da construção. Alguma coisa cabe bem no muro. Ela ajuda a sustentar o muro. Ela se encaixa. A pedra perfeita não caberia no muro, porque se diferencia muito das demais pedras e constitui algo especial. Basta que seja uma pedra boa. O ser humano perfeito também tem dificuldade de viver em comunidade. Ele nunca está satisfeito com ela, sempre tem exigências muito elevadas e, por isso, não cabe no "quadro". Ele não se encaixa na construção da comunidade. As boas pedras, em contraposição, formam o muro de tal maneira que ele dura e é bom para todos.

Está inscrito na alma de todo ser humano que ele anseia pelo bem e quer ser bom. O bem é o oposto do mal. Bom e mau são categorias morais. Mas, em termos linguísticos, bom e mau não podem ser vistos só como categorias morais; elas também se referem à justa medida do ser humano. A língua alemã considera o bem como aquilo que se encaixa na comunidade. Poderíamos dizer também: o bem é aquilo que corresponde à medida certa. A palavra *"böse"*, "mau", significava originalmente: inflado, inchado. Ela expressa, portanto, a falta de medida. Alguém se infla porque não está contente consigo do jeito que é. Ele gostaria de ser maior do que é.

Os gregos situaram bem e mal em outro contexto. Para eles, o bem sempre é também o belo. Eles falam de *kalós k' agathós* = belo e bom. E eles traduzem a palavra com a qual Deus conclui sua criação com "belo". Deus viu que tudo era belo. Belo corresponde à medida certa. Para os gregos, o oposto disso é *kakós*. Isso não significa só mau e ruim, mas a partir de sua origem significa mais propriamente: aquilo que não corresponde à essência das coisas ou aquilo que uma coisa tem "demais". É aquilo que não combina, o inadequado, que não tem medida. Para os gregos, portanto, o bem e o belo são também o moderno, aquilo que é "da hora". O feio, em contraposição, é o *a-óros*, o impróprio da hora, que não combina com este momento, o inadequado. Bom é o que corresponde à época, ruim é o que contradiz a ela.

Basta que sejamos bons; não precisamos ser perfeitos. Queremos ser como corresponde à nossa essência. Quem quer ser perfeito eleva-se acima de sua medida. No fundo, rebela-se contra o fato de ser humano, limitado e mortal. Ele gostaria de ser como Deus. E isso é propriamente o pecado original. Nesse sentido, o mal converge com o perfeito. Não nos cabe assumir pose de Deus. Devemos aceitar nossa condição humana. E devemos realizar e preencher, na medida do possível, o anseio pelo bem inerente à nossa alma.

Beleza e medida

Vimos que, já no sentido etimológico, estão relacionados não só o bem e a justa medida, mas também beleza e medida.

Sob o título "Beleza e medida" foram publicadas as contribuições das Conferências do Grupo de Eranos nos anos de 2005 e 2006. Nelas, psicólogos, teólogos e filósofos refletiram sobre a conexão entre medida e beleza. Em consequência, gostaria de repercutir um pouco essas reflexões neste contexto.

Para Tomás de Aquino, o belo é sempre *claritas et concordantia*. O belo é o brilhante, mas é também o que consoa, o que concorda. *Concordantia* se refere à consonância das cordas de um instrumento. Mas refere-se também à concórdia: estar em unidade com o coração. O belo corresponde ao nosso coração. Ele soa com nosso coração. Ele combina com o nosso coração. Para Tomás, portanto, o belo sempre tem a ver também com a justa medida. Ele concorda com esta. Também podemos ver isso da seguinte maneira: por exemplo, alguma coisa formada da maneira mais refinada provoca em nós a sensação de beleza. Para nós, belo é o bem-proporcionado, o comedido, o que corresponde à essência das coisas. Para os gregos, o mal é aquilo que contradiz a essência.

Na Conferência de Eranos, o teólogo Hubert Herkommer constatou o seguinte: "A beleza perfeita está baseada em uma estética da medida e da proporção"*. E cita a opinião da filosofia medieval, "segundo a qual a beleza é o recipiente adequado do bem"**. As figuras masculinas e femininas ideais são "belas exatamente por serem boas e são boas exatamente por serem belas"***. A justa medida garante não só a beleza, mas também o ser bom. "É a justa medida que fundamenta e garante beleza e agir ético, harmonia e ordem correta"****.

---

* Herkommer, p. 65.

** Ibid., p. 66.

*** Ibid., p. 67.

**** Ibid.

A primeira vez que se percebeu a ligação entre beleza e medida não foi na Idade Média cristã, mas entre os antigos egípcios. Erik Hornung denomina a cultura do Egito antigo de cultura da medida. Os egípcios falavam de *"Maat"*. *Maat* significa "a harmonia do mundo, tanto no cosmo quanto na vida humana. As coisas correspondem à *Maat* quando estão na ordem correta"*. No entanto, tampouco se deve exagerar a ordem, nem na ética nem na estética. A arte egípcia antiga opera com a simetria rigorosa, mas também seguidamente a rompe. Ela repetidamente abre exceções. A justa medida jamais significa uma ordem rígida, mas sempre uma ordem viva, que faz jus ao que vive e por isso não segue um esquema rígido.

Os gregos também vincularam beleza com a justa medida. Pode-se ver isso claramente em suas estátuas. A ligação entre medida e beleza é evidenciada pelo relato biográfico do primeiro monge, Antônio. Ela é de autoria do Bispo Atanásio, um teólogo oriundo do pensamento grego. Ele relata como, depois de vinte anos, Antônio deixou a clausura autoimposta: "A constituição do seu íntimo era pura. Pois ele não se tornara rancoroso em consequência do mau humor nem dissoluto em sua alegria, nem tinha de lutar contra o riso ou a timidez. [...] Ao contrário, ele era a justa medida em pessoa, guiado por sua ponderação e seguro em seu jeito peculiar"**. A beleza de Antônio se expressa na justa medida, não só na justa medida das feições do seu rosto e dos membros do corpo, mas também na justa medida dos sentimentos e do pensamento.

A beleza não é preservada pela justa medida e pela boa ordem só nas artes plásticas, mas também na música. Nesta, trata-se da justa medida de tempo, do bom ritmo. O ritmo é

---

* Hornung, p. 228.

** Athanasius, p. 705.

condição essencial para que uma melodia seja experimentada como bela. Ritmos muito rápidos ou o ritmo da marcha, no qual tudo é submetido a uma ordem rigorosa, não fazem bem ao ouvido humano e à alma humana. O ritmo adequado, em contraposição, que reiteradamente é quebrado, provoca a sensação de beleza no ser humano. Sabemos que tanto a contemplação de belas imagens quanto a audição da bela música exercem um efeito curativo sobre o ser humano. O belo nos põe em contato com o belo em nós. Ele nos deixa na medida certa. E a música — assim já disse o Padre da Igreja João Crisóstomo no século IV — confere ritmo à alma humana. O ritmo da música coloca o ser humano em contato com seu ritmo interior. E isso é salutar para ele.

"Como são numerosas as coisas de que não preciso"

Muitas pessoas se perguntam do que precisam. Quando fazem essa pergunta, muitas vezes elas têm a sensação de não ter tudo de que necessitam. Elas ainda precisam de muito mais. Muitas vezes seus desejos nem são despertados por perguntas, mas por ofertas. Elas veem belas coisas no supermercado, comidas saborosas, utensílios práticos para a cozinha e já se desperta nelas o desejo: isto eu também poderia precisar. Isto me faria bem. Isto eu gostaria de saborear. Isto facilitaria o trabalho na cozinha. Ou: se eu tivesse a última versão do iPod, poderia participar da conversa e seria reconhecido pelos outros. E assim nossos desejos se tornam cada vez maiores, muitas vezes tão grandes que o dinheiro que temos à disposição não é suficiente para satisfazê-los. Então, fazemos um empréstimo para financiar nosso consumo. No entanto, em algum momento haverá um limite que não poderemos ultrapassar. Caso contrário, o constante desejar levará à insolvência particular.

O filósofo grego Sócrates confrontou as pessoas do seu tempo reiteradamente com afirmações que visavam afastá-las do seu pensamento convencional: quando as pessoas se lamentavam por não possuírem o bastante para levar uma vida feliz, ele lhes dava uma resposta que as deixava inseguras e questionava sua lamentação. Assim, uma resposta tipicamente socrática à lamúria de pessoas insatisfeitas era esta: "Como são numerosas as coisas de que não preciso". Em vez de lamentar-se por ter muito pouco, Sócrates inverte a questão. Ele se alegra por ter tantas coisas de que nem precisa. Ele não se desculpa por não possuir aquilo que outros consideram necessário. Muito antes, ele enaltece sua liberdade interior. Para os gregos esse era o bem supremo. Quem é livre – também em relação às coisas exteriores – de fato é uma pessoa sábia.

Esse seria para nós um bom exercício de conclusão das exposições sobre a justa medida. Deveríamos perguntar-nos, a exemplo de Sócrates: Quais são as coisas de que *não* preciso? Quando fazemos essa pergunta, certamente nos ocorrerá muita coisa que podemos dispensar. Para este seria o televisor, para o morador da cidade seria o automóvel que sempre só lhe causa problemas de estacionamento, para o terceiro é a roupa de grife, cujo nome conhecido como de primeira linha resulta em preço alto, ou o celular ou o iPad. Há quem fique triste por não poder comprar o último modelo, outros são gratos por não precisarem dele. Outros ainda renunciam à última novidade em termos de equipamento para esquiar ou desistem de viajar para lugares distantes nas férias. Eles se alegram em tirar férias nas proximidades do seu lugar de residência.

Quando eu era celeireiro, recebi convites de diversos bancos. Muitas vezes tivemos bons diálogos. Às vezes um diretor de banco me perguntava se eu havia visto este ou aquele programa na televisão. Na pergunta já estava embutido algo como uma obrigação: todo bom cidadão, toda pessoa culta devia ter assistido a esse programa. Mas eu sempre respondi com um sorriso: "Não assisto televisão". Isso deixava o interlocutor inseguro. Mas talvez também tenha provocado nele a indagação se realmente é necessário assistir a tantos programas de televisão só para participar de uma conversa. Se ele realmente precisa deles. Também nesse caso o que importa é encontrar hoje a justa medida. Eu fico feliz por não ter televisor. Quase nunca estou nos recintos do mosteiro dotados de televisor, nos quais podemos assistir três programas. O turno da noite é importante demais para desperdiçá-lo assistindo televisão. Prefiro ler. Não sinto falta da televisão. Não sinto falta da internet nem do iPad. Tenho um celular, mas normalmente não estou com ele. Eu o utilizo só ao dirigir o automóvel – para, caso necessário, anunciar que me atrasarei para a palestra.

Cada qual achará coisas diferentes de que não carece. E, quando anunciarmos isso cheios de orgulho, estaremos a caminho da justa medida. Nesse caso, a descoberta da justa medida não terá nada de moralizante nem de ascético ou rigoroso. É prazeroso renunciar a algumas coisas que hoje todo mundo acha que precisa ter. Libertamo-nos da tirania da opinião e da tirania das necessidades que nos são impostas. A justa medida nos proporciona uma sensação de liberdade e de gosto pela vida. Nós mesmos vivemos nossa vida, em vez de sermos vividos por ela, em vez de sermos determinados pelas necessidades. Vivemos nossa vida de maneira adequada, como corresponde à nossa medida. Trata-se, então, de uma vida feliz. Quem é desmedido nunca será feliz. Ele precisa cada vez mais e, no entanto, jamais poderá ter tudo que acha que deve ter.

Conclusão

Vivemos em uma sociedade da superabundância. Mas reconhecemos que a superabundância não nos faz mais felizes. A superabundância nos leva antes à falta de medida. Quando não tem a justa medida em si, o ser humano é esmagado pelo excesso de ofertas. Por isso é tão importante refletir sobre a justa medida, exatamente nesta época de possibilidades ilimitadas em que vivemos. Ao fazer isso, eu não gostaria de moralizar nem pintar um quadro diabólico. Refletir sobre a justa medida é, para mim, muito antes uma ajuda para encontrar o caminho que leva a uma vida bem-sucedida. Pois, não obstante toda a falta de medida que percebemos em nossa sociedade, descubro em um número muito grande de pessoas o anseio pela justa medida e em muitas também um senso para a justa medida. Eu gostaria de dirigir a palavra a essas pessoas e encorajá-las a confiar em seu senso interior e não se deixar abalar por outras pessoas.

Neste livro, seguidamente fiz referência à Regra de São Bento. Ele chama a "moderação sábia" de "mãe de todas as virtudes". E sua Regra orienta-se na justa medida. Foi por isso que ela se impôs diante de muitas outras regras monásticas que houve em seu tempo e marcou os mosteiros da Idade Média até nossos dias. A época de São Bento era marcada pela falta de medida e pela decadência da antiga ordem. A migração dos povos mudou todos os parâmetros da cultura romana. Por isso, São Bento considerou importante fundar, em meio ao caos do seu tempo, uma comunidade que resistisse à tempestade da sua época como uma árvore firme. Ele deu importância a dois aspectos: a justa medida e a ordem.

São Bento proporcionou uma boa ordem à vida dos monges. E fez seus monges visualizarem a moderação sábia como virtude propriamente dita. Três palavras são significativas nesse contexto: 1) *Mensura* – é a medida que usamos para medir o cereal. 2) *Temperare* = temperar. Essa palavra vem de *tempus* = tempo. Trata-se, portanto, da justa medida de tempo, do bom ritmo em que vivemos. 3) *Discretio* – o dom do discernimento. É a arte de desenvolver um senso para a pessoa individual e para a respectiva situação em que ela se encontra. Neste livro, seguidamente deparamos com essas três palavras. Tentei estabelecer uma relação entre elas e a nossa vida atual. A compreensão para a justa medida que encontramos na Regra de São Bento faz bem também para nós hoje.

Relacionadas com nossa vida atual, essas três palavras significam o seguinte para mim: 1) Precisamos da medida certa para medir a nós mesmos, para lidar adequadamente com os recursos da criação e com nossa própria psique. Precisamos de uma maneira sustentável para tratar a natureza e nossas próprias energias. 2) Precisamos de uma boa medida de tempo, um ritmo adequado para a nossa vida. Quem vive sem ritmo sai fora do passo e perde o apoio. 3) Precisamos da *discretio*, do dom do discernimento. Devemos olhar para o nosso mundo com sobriedade, nem demonizá-lo nem exaltá-lo, mas discernir o que é bom para nós e o que não é, o que o mundo atual nos oferece de chances e onde estão os perigos. A *discretio* não vê as coisas em preto ou branco; ela discerne em tudo o que observa aquilo que corresponde ao Espírito de Deus e o que brota da falta de espírito de quaisquer ideologias. O discernimento dos espíritos era uma importante virtude no monasticismo antigo. Hoje precisamos muito mais dessa virtude devido à enorme quantidade de coisas que jorram sobre nós. Na oferta excessiva de auxílios e orientações para a vida, muitos perderam o rumo próprio. Eles precisam da *discretio* para reconhecer o que corresponde à sua essência e o que realmente lhes faz bem.

Vimos que o tema "medida" toca muitos aspectos da vida humana: o consumo, a maneira de tratar a criação, a maneira de tratar a nós mesmos, as imagens que fazemos de nós mesmos, as expectativas em relação a nós e aos outros, a justa medida de tempo, o bom ritmo e rituais salutares. Além disso, a medida se refere à saúde do ser humano. Quem quiser ter uma vida saudável precisa de um senso para o que pode exigir do seu corpo e da sua alma, para o que pode realizar e o que deve fazer por si mesmo. E, por fim, sem a justa medida não há beleza. Quem se preocupa desmedidamente com sua beleza perde-a de vista.

A justa medida faz bem ao ser humano. Corresponde à sua essência. Por isso, o tema "comedimento" não trata de apelos morais, mas de um caminho que leva a uma vida saudável, a uma vida boa e a uma vida bela. E trata-se de uma cultura da vida. A exemplo da cultura egípcia antiga e também da cultura grega, que foram uma cultura da medida, igualmente é nossa tarefa criar em nosso mundo uma nova cultura da justa medida. Isso certamente seria uma bênção para as pessoas do nosso tempo e para os povos desta Terra.

A cultura da medida começa com o pensamento. Devemos nos despedir de modos de pensar que não fazem jus à nossa essência. No entanto, a cultura da medida também precisa do agir comedido, da maneira comedida de lidar conosco, com os outros e com a criação. E a justa medida precisa de um bom equilíbrio entre desfrutar e renunciar, entre trabalho e descanso, entre diálogo e silêncio, entre estar em comunidade e estar só.

Desejo, assim, a todas as leitoras e a todos os leitores que encontrem sua própria medida. Com este livro não pretendi causar-lhes nenhuma consciência pesada. Portanto, se descobrirem que nem sempre vivem a justa medida, não se condenem.

Aceitem isso como convite para tomar o caminho que leva à justa medida. Para São Bento, a palavra mais importante referente à justa medida é a *discretio*. Para mim, ela não representa só o dom do discernimento, mas também o senso para a sabedoria da própria alma, para aquilo que é adequado para mim. Com este livro quero convidar vocês a entrarem em contato com a sabedoria de sua própria alma. Sua alma tem um senso para a justa medida, para a medida adequada a vocês. Confiem na sabedoria da sua alma. Não se deixem impressionar pela falta de medida que constantemente é exibida diante de vocês em nossa sociedade. Confiem na sua própria medida e na sua própria sabedoria. Se fizerem isso, viverão sua vida da maneira que corresponde à sua essência e que é boa para vocês. Então sua vida não só será boa como também bela. Ela receberá o brilho da justa medida. Desejo-lhes isso de todo coração.

Referências

ATHANASIUS. *Leben des heiligen Antonius.* Kempten/Munique, 1917 [Trad. de H. Mertel].

BRUCKNER, P. *Ich leide, also bin ich; Die Krankheit der Moderne* – Eine Streitschrift. Weinheim, 1996.

HEDWIG, K. Wesen. In: *Lexikon für Theologie und Kirche.* Vol. 10. Friburgo, 1995.

HERKOMMER, H. Die Schönheit des Gottessohnes und der Gottesmutter – Historische Betrachtungen zur Ästhetik des Heiligen. In: *Schönheit und Mass* – Beiträge der Eranos Tagungen 2005 und 2006. Basel, 2008.

HORNUNG, E. Die Vermessung der Unterwelt – Altägypten als Kultur des Masses. In: *Schönheit und Mass* – Beiträge der Eranos Tagungen 2005 und 2006. Basel, 2008.

JUNG, C.G. *Mensch und Seele* – Aus dem Gesamtwerk 1905-1961. Ölten, 1971 [Selecionado e editado por Jolande Jacobi].

KÄSTNER, E. *Die Stundentrommel vom heiligen Berg Athos.* Wiesbaden, 1956.

KREISMAN, J.J. & STRAUS, H. *Ich hasse dich - verlass mich nicht* – Die schwarzweisse Welt der Borderline-Persönlichkeit. Munique, 1992.

LAMBERT, B.M. Discretio. In: *Praktisches Lexikon der Spiritualität.* Friburgo, 1988 [Ed. por Christian Schütz].

LANG, H. Die benediktinische Discretio. In: SÖHNGEN, G.; RATZINGER, J. & FRIES, H. (eds.). *Einsicht und Glaube*. Friburgo, 1962.

ROLOFF, J. *Der erste Brief an Timotheus*. Zurique, 1988.

SCHIPPERGES, H. *Hildegard von Bingen* – Ein Zeichen für unsere Zeit. Frankfurt, 1981.

SCHMID-BODE, W. *Mass und Zeit* – Entdecken Sie die neue Kraft der klösterlichen Werte und Rituale. Frankfurt, 2008.

SCHORLEMMER, F. *Die Gier und das Glück* – Wir zerstören, wonach wir uns sehnen. Friburgo, 2014.

CULTURAL

Administração
Antropologia
Biografias
Comunicação
Dinâmicas e Jogos
Ecologia e Meio Ambiente
Educação e Pedagogia
Filosofia
História
Letras e Literatura
Obras de referência
Política
Psicologia
Saúde e Nutrição
Serviço Social e Trabalho
Sociologia

CATEQUÉTICO PASTORAL

Catequese
Geral
Crisma
Primeira Eucaristia

Pastoral
Geral
Sacramental
Familiar
Social
Ensino Religioso Escolar

TEOLÓGICO ESPIRITUAL

Biografias
Devocionários
Espiritualidade e Mística
Espiritualidade Mariana
Franciscanismo
Autoconhecimento
Liturgia
Obras de referência
Sagrada Escritura e Livros Apócrifos

Teologia
Bíblica
Histórica
Prática
Sistemática

VOZES NOBILIS

Uma linha editorial especial, com importantes autores, alto valor agregado e qualidade superior.

REVISTAS

Concilium
Estudos Bíblicos
Grande Sinal
REB (Revista Eclesiástica Brasileira)
SEDOC (Serviço de Documentação)

VOZES DE BOLSO

Obras clássicas de Ciências Humanas em formato de bolso.

PRODUTOS SAZONAIS

Folhinha do Sagrado Coração de Jesus
Calendário de mesa do Sagrado Coração de Jesus
Agenda do Sagrado Coração de Jesus
Almanaque Santo Antônio
Agendinha
Diário Vozes
Meditações para o dia a dia
Encontro diário com Deus
Guia Litúrgico

CADASTRE-SE
www.vozes.com.br

EDITORA VOZES LTDA.
Rua Frei Luís, 100 – Centro – Cep 25689-900 – Petrópolis, RJ
Tel.: (24) 2233-9000 – Fax: (24) 2231-4676 – E-mail: vendas@vozes.com.br

UNIDADES NO BRASIL: Belo Horizonte, MG – Brasília, DF – Campinas, SP – Cuiabá, MT
Curitiba, PR – Fortaleza, CE – Goiânia, GO – Juiz de Fora, MG
Manaus, AM – Petrópolis, RJ – Porto Alegre, RS – Recife, PE – Rio de Janeiro, RJ
Salvador, BA – São Paulo, SP